AF548151

Anna Kreszentia Schamberger – Studie zu Werner Egk und seinem Verhältnis zum Nationalsozialismus

Allitera Verlag

ANNA KRESZENTIA SCHAMBERGER, geboren in Augsburg und aufgewachsen auf einem Bauernhof im Lechrain, war in ihren frühen Jahren als ausgebildete Orgelbauerin und Holzbildhauerin sowie als Chorleiterin, Kirchenmusikerin und Musikpädagogin tätig, und ist aktuell langjährige Mitarbeiterin in der Musikabteilung des Deutschen Museums München. Sie studierte Musikwissenschaft, Pädagogik / Bildungswissenschaft und Kulturwissenschaften an der Ludwig-Maximilians-Universität München. Schwerpunkte ihres wissenschaftlichen Interesses sind das museale Ausstellen von Musik und ihren Objekten, die Musik Beethovens und seiner Zeitgenossen sowie die Forschung zu Dirigenten und Komponisten im Nationalsozialismus. Ihre Masterarbeit »Keine Reue! Heil!« Eine Studie zu Werner Egk und seinem Verhältnis zum Nationalsozialismus wurde von Prof. Dr. Hartmut Schick, Ordinarius am Lehrstuhl für Musikwissenschaft der Ludwig-Maximilians-Universität, betreut.

Anna Kreszentia Schamberger

»Keine Reue! Heil!«

Eine Studie zu Werner Egk und seinem Verhältnis zum Nationalsozialismus

Allitera Verlag

Originalauflage Juli 2024
Allitera Verlag
Ein Verlag der Buch&media GmbH, München

Layout, Satz und Umschlaggestaltung: Johanna Conrad
Gesetzt aus der Minion Pro und der Dax Pro
Umschlagvorderseite unter Verwendung einer Fotografie von Werner Egk,
5. Mai 1981 (80. Geburtstag) © Keystone Press / Alamy Stock Foto
Printed in Europe · ISBN 978-3-96233-467-3

Allitera Verlag
Merianstraße 24 · 80637 München
Fon 089 13 92 90 46 · Fax 089 13 92 90 65

Weitere Publikationen aus unserem Programm finden Sie auf www.allitera.de
Kontakt und Bestellungen unter info@allitera.de

Inhalt

Vorwort

Die vorliegende Studie zu Werner Egk und seinem Verhältnis zum Nationalsozialismus entstand 2022 als Masterarbeit am Institut für Musikwissenschaft der Ludwig-Maximilians-Universität München. Betreuer der Projektarbeit war Prof. Dr. Hartmut Schick.

Die Bearbeitung oben genannter Thematik im Rahmen einer Masterarbeit wurde von der Stadt Donauwörth, vertreten durch Oberbürgermeister Jürgen Sorré, initiiert und gefördert. Zu erforschen war die Zeit vor, während und nach dem »Dritten Reich«. Als Quellen waren unter anderem der im Stadtarchiv Donauwörth liegende Schriftwechsel zwischen Werner Egk und seiner Ehefrau Elisabeth sowie die Korrespondenz im Archiv des Verlags B. Schott's Söhne miteinzubeziehen.

Für die Veröffentlichung habe ich die Studie geringfügig überarbeitet, vereinzelt durch Nachträge ergänzt und mit einem Personen- und Sachregister versehen.

Dank

Mein Dank geht an Prof. Dr. Hartmut Schick für die Ermutigung zu diesem Projekt, für Rat und Rückenstärkung. Ich danke Dr. Cathrin Hermann (Leiterin des Stadtarchivs Donauwörth) und Thomas Heitele (Leiter der städtischen Museen Donauwörth) für ihre Unterstützung. Weiter danke ich dem Fachpersonal in Archiven und Bibliotheken, in diesem Fall besonders Deniz Landgraf und Fulya Basset (Stadtarchiv Donauwörth), Dr. Nino Nodia (Bayerische Staatsbibliothek), André Geister (Staatsarchiv München) und Georg Feuerer (Stadtarchiv Augsburg), für die Unterstützung bei der Quellenrecherche. Dank sei Dr. Sabine Haase-Straub für wertvolle Gespräche, und schließlich meiner Familie für Verständnis und Rückhalt.

Mering, im Juni 2024
Anna Kreszentia Schamberger

Einführung

Diese Studie widmet sich der Frage nach der Position und dem daraus resultierenden Verhalten des Komponisten Werner Egk in der Zeit des Nationalsozialismus. Bei der Erforschung der entsprechenden persönlichen und motivationalen Determinanten in der Zeit vor, während und nach dem »Dritten Reich« lag der Fokus auf den schriftlichen und mündlichen Zeugnissen Werner Egks unter besonderer Berücksichtigung der Korrespondenz zwischen ihm und seiner Frau Elisabeth, die bisher nicht Gegenstand der Forschung war. Die Studie ist ein Versuch, einen Gesamteindruck von Egk explizit in seinem Verhältnis zum Nationalsozialismus zu zeichnen. Sie erhebt keinen Anspruch auf Vollständigkeit oder auf eine erschöpfende Bearbeitung der Thematik.

Werner Egk, als Werner Mayer am 17. Mai 1901 in Auchsesheim bei Donauwörth geboren und am 10. Juli 1983 in Inning am Ammersee gestorben, wurde im »Dritten Reich« als ein führender Komponist der gemäßigten Moderne sowie als NS-Kulturfunktionär (z.B. als Leiter der Fachschaft Komponisten in der Reichskulturkammer) maßgeblich von Hitler und Goebbels protegiert.[1] Für Werner Egk existiert kein Eintrag in der Zentralkartei der NSDAP,[2] Nachforschungen zum Geburtsnamen Werner Mayer beim Bundesarchiv in Berlin ergaben ebenfalls keinen Hinweis auf eine Mitgliedschaft. Egk wurde 1941 zum Leiter der Fachschaft Komponisten in der Reichsmusikkammer ernannt, er war Delegierter des Ständigen Rates für die Internationale Zusammenarbeit der Komponisten, Gutachter der Reichsmusikprüfstelle und ab 1941 Mitglied im Präsidium des Verbands Deutscher Bühnenschriftsteller und Bühnenkom-

---

1 Vgl. Michael Custodis und Friedrich Geiger, *Netzwerke der Entnazifizierung. Kontinuitäten im deutschen Musikleben am Beispiel von Werner Egk, Hilde und Heinrich Strobel*, Münster 2013 (Münsteraner Schriften zur zeitgenössischen Musik, Bd. 1), S. 12.

2 Vgl. Ottmar Seuffert, »Eine Werner-Egk-Recherche im Bundesarchiv zu Berlin 2001«, in: *Der unbekannte Werner Egk. Beiträge zum 2. Werner-Egk-Symposium Donauwörth 17.–19. Mai 2001*, hrsg. von Herbert Kurz und Ottmar Seuffert im Auftrag der Stadt Donauwörth, Donauwörth 2007, S. 140–150, hier S. 141 und 148; im abgebildeten Dokument auf S. 148 ist angemerkt, dass nur schätzungsweise 80 % der ursprünglichen Karteimittel überliefert sind.

ponisten. Von 1941 bis 1945 gehörte er dem er Beirat der Staatlich genehmigten Gesellschaft zur Verwertung musikalischer Aufführungsrechte (STAGMA) an. Nach 1945 ging Egk – hauptsächlich aufgrund der von Freunden und Kollegen ausgestellten eidesstattlichen Erklärungen und Stellungnahmen – vor der Kammer der Kunstschaffenden in Berlin als aktiver Antifaschist und vor der Spruchkammer in München (vom Vorwurf der Nutznießerschaft; in der Wiederaufnahme: Nutznießerschaft und Miterrichtung der Kulturfassade für die Gewaltherrschaft mit seinem Namen[3]) als unbelastet hervor.[4] Das Hauptargument, das Egk selbst als Beweis für seine Rolle als passiver Mitläufer anführte[5], und das auch in den (teilweise von Egk vorformulierten[6]) Gutachten seiner Freunde und Kollegen im Vordergrund stand, war seine private (und angeblich im Privaten wiederholt geäußerte) kritische Haltung gegenüber dem NS-Regime. Dieses Narrativ war juristisch nicht überprüfbar und wurde darum als gegeben hingenommen. Es stand zwar im Widerspruch zum Erfolg und zu den Ämtern, die Egk im »Dritten Reich« innehatte, dem öffentlichen Kläger fehlte es jedoch an Mitteln und überdies an der Kompetenz zur Beurteilung von Sachverhalten im Musik- und Kultursektor[7], um die tatsächliche Nähe Egks zum Nationalsozialismus zu untersuchen.[8]

Demzufolge liegt in dieser Arbeit ein besonderes Augenmerk auf Egks privater Korrespondenz mit seiner Frau Elisabeth (über 300 Briefe, Postkarten und Telegramme), verwahrt im Stadtarchiv Donauwörth[9], die dafür systematisch in vollem Umfang gelesen und analysiert wurde. Untersucht wurden ebenfalls Egks Briefverkehr mit verschiedenen Personen seines privaten und beruflichen

---

3 Vgl. Klageschrift vom 7. Juli 1947, StAM/Karton 339, Bl. 2.

4 Vgl. Jonas Spieker »Werner Egk«, in: *Kollaborateure – Involvierte – Profiteure. Musik in der NS-Zeit*, hrsg. von Rebecca Grotjahn, Universität Paderborn / Hochschule für Musik Detmold, 2019, https://kollaborateure-involvierte-profiteure.uni-paderborn.de/index.php/Werner_Egk.html [abgerufen am 21.3.2024].

5 Vgl. Alfred Böswald, »Erinnerungen an eine schwierige Zeit 1933–1945. Gesprächsnotizen«, in: Kurz und Seuffert: *Der unbekannte Werner Egk*, S. 8–15, hier S. 11.

6 Vgl. Custodis und Geiger, *Netzwerke der Entnazifizierung*, S. 128f.

7 Vgl. Brief von Werner Egk an Heinz Tietjen vom 4. März 1947, BSB/Ana 410; Egk schrieb: »Spruchkammer hier arbeitet ohne Sachverständige.«

8 Vgl. Jan Thomas Schleusener, »Entnazifizierung und Rehabilitierung.Vergangenheitsaufarbeitung im Fall Egk«, in: *Werner Egk: Eine Debatte zwischen Ästhetik und Politik*, hrsg. von Jürgen Schläder, München 2008 (Münchner Universitäts-Schriften. Studien zur Münchner Theatergeschichte, Bd. 3), S. 109f. und 112.

9 Im Folgenden unter StA-Don/WE-K.

Umfelds[10] und die Geschäftskorrespondenz[11] aus dem Nachlass Werner Egks in der Bayerischen Staatsbibliothek München. Partiell berücksichtigt wurde die ebenso dort verwahrte Korrespondenz zwischen Werner Egk und Ludwig Strecker (1883–1978), Verleger und Mitinhaber des Verlags B. Schott's Söhne in Mainz, aus dem Archiv des Schott-Verlags[12], sowie die Spruchkammerakte im Staatsarchiv München[13]. Insgesamt wurden etwa 600 Briefe und Dokumente ausgewertet, die Zitate daraus sind hauptsächlicher Verhandlungsgegenstand dieser Studie.

Als Zeugnisse dienten zudem die Artikel Werner Egks in der Monatszeitschrift *Völkische Kultur*, seine 1973 herausgegebene Autobiografie *Die Zeit wartet nicht* und ein Interview, das Jahre Harald von Troschke Mitte der 1960er-Jahre mit ihm geführt hat.

Es wurden Forschungsarbeiten und Studien von Fred K. Prieberg, Michael H. Kater, Ottmar Seuffert, Albrecht Dümling, Robert Braunmüller, Jan Thomas Schleusener und anderen sowie jüngste Veröffentlichungen, beispielsweise von Friedrich Geiger, Michael Custodis und Jürgen Schläder, hinzugezogen, die sich mit der wissenschaftlichen Aufarbeitung der Rolle Egks im »Dritten Reich« bzw. im Entnazifizierungsprozess befassen.

Von einer strikt chronologischen Darstellung wurde zugunsten größerer Sinnzusammenhänge abgesehen. Um den aufschlussreichen Duktus der Sprache Werner Egks und seiner Korrespondenzpartner authentisch wiederzugeben, werden die meisten Aussagen in ihrer originalen Form zitiert. Fehler in Orthografie und Interpunktion werden unverändert wiedergegeben, Hinweise nur an Stellen gesetzt, an welchen es der Klarheit dienlich erschien. Das Fehlen von Leerzeichen in Zitaten ist kommentarlos korrigiert.

---

10 Im Folgenden unter BSB/Ana 410.

11 Im Folgenden unter BSB/Ana 410/G (»G« für »Geschäftskorrespondenz« durch die Autorin hinzugefügt)

12 Im Folgenden unter BSB/Ana 800.B.I.Egk, Werner.

13 Signatur StAM/Spruchkammerakten Karton 339 Egk Werner * 17.05.1901; im Folgenden unter StAM/Karton 339.

Der Historiker und Donauwörther Ex-Bürgermeister Alfred Böswald, den eine intensive Freundschaft mit Werner Egk verband und in dem der Ehrenbürger der Stadt stets einen loyalen Fürsprecher hatte,[14] notierte zu seinen Gesprächen mit Werner Egk:

> Es trieb ihn um, mit den Ereignissen des 1000jährigen Reichs konfrontiert und in der Folge fehlinterpretiert zu werden. »Ich war ein passiver Mitläufer« sagte er ein um das andere Mal: »Einer, der immer dagegen war, aber wie Millionen Zeitgenossen nicht den Mut aufbrachte, dies auch öffentlich kundzutun!«[15]

Böswald räumte 18 Jahre nach dem Tod des Komponisten aber auch ein:

> In einem bin ich mir sicher: Er verstand es durchaus, aus welchen Motiven und Hintergründen auch immer, wenn es ihm nützen konnte, auch mit den »Karten des Teufels« zu spielen.[16]

Anmerkungen zu den Quellen

Die für diese Studie erstmalig untersuchte Korrespondenz zwischen Werner Egk und seiner Ehefrau Elisabeth enthält – bis auf wenige Ausnahmen – ausschließlich zumeist handschriftliche Briefe, Postkarten und Telegramme von Werner Egk an Elisabeth Egk, und umspannt den Zeitraum von 1923 bis 1974. Das Konvolut wurde dem Stadtarchiv Donauwörth von Werner Egks Anwalt übergeben.[17] Inhaltlich geht es darin primär um Anweisungen z. B. zum Schreiben von Partituren und Stimmenmaterial sowie um Berichte von privaten und geschäftlichen Unternehmungen, Vorhaben, Treffen, Proben und Aufführungen.

Bei den in der Bayerischen Staatsbibliothek untersuchten Briefen aus dem Nachlass Werner Egks fehlen häufig die Antwortschreiben, auch in der Korrespondenz mit Ludwig Strecker ist von einer Vollständigkeit nicht per se auszu-

14 Vgl. Böswald, »Erinnerungen an eine schwierige Zeit«, S. 15.
15 Ebd., S. 11.
16 Ebd., S. 14.
17 Information auf Anfrage beim Stadtarchiv Donauwörth.

gehen. Es ist möglich, dass Schriftstücke, die die etwa eine engere Verbindung zu NSDAP-Kreisen oder weitere antisemitische Aussagen nachgewiesen hätten, entfernt worden sind. Egk beschreibt in seiner Autobiografie, dass er und Elisabeth im Juli 1933 aus Angst vor den Nationalsozialisten Briefe und Zeitschriften verbrannt hätten, die ihnen damals hätten gefährlich werden können.[18] Das zeigt, dass diese Vorgehensweise Werner und Elisabeth Egk nicht fremd war.

Ebenjene Autobiografie *Die Zeit wartet nicht* ist eine wertvolle Quelle hinsichtlich Egks Kindheit und Jugend und der Chronologie seines ereignisreichen Lebens und Schaffens. Werner Egk begegnet darin seinem Lesepublikum mit Eloquenz, mit gewinnendem Charme, mit Witz, auch mit Sarkasmus und zuweilen mit einer schockierenden Drastik. Fallweise stellt sich der Eindruck ein, dass er nicht zuletzt beabsichtigte, ein Bollwerk gegen jegliche Anfeindung und gegen jeglichen Vorwurf des Paktierens mit dem NS-Kulturregime zu errichten. Vier Jahre vor der Herausgabe der Memoiren hatte der Musikwissenschaftler Konrad Boehmer in dieser Hinsicht einen Angriff auf Egk unternommen, dem Fred K. Prieberg und Heinz Josef Herbort in weiteren Veröffentlichungen nachsetzten.[19] Egk musste damit rechnen, dass dies nicht die letzten Stellungnahmen dieser Art sein würden. In seiner Biografie spricht Egk bewusst Punkte an, in denen er in Berührung mit Nationalsozialisten war und als Komponist, Dirigent und Funktionär in Diensten des Regimes stand, um im selben Atemzug jeglichen Zweifel an seiner Gegnerschaft zu zerstreuen. Egks Autobiografie ist in dieser Hinsicht kritisch zu hinterfragen. In der vorliegenden Arbeit werden Differenzen zwischen Briefquellen und der Darstellung in der Autobiografie lediglich dann thematisiert, wenn sie unmittelbar mit einem behandelten Sachverhalt in Verbindung stehen. Es wurde nicht explizit danach geforscht.

Aus dem Interview von Harald von Troschke[20] mit Werner Egk werden Passagen oder einzelne Wörter zitiert. Die entsprechenden Zeitmarken sind in eckigen Klammern im Fließtext oder in den Fußnoten angegeben.

---

[18] Werner Egk, *Die Zeit wartet nicht. Künstlerisches Zeitgeschichtliches Privates aus meinem Leben*, München [5]1981, S. 206.

[19] Vgl. Custodis und Geiger, *Netzwerke der Entnazifizierung*, S. 183ff.

[20] »Harald von Troschke (1924–2009) führte in den sechziger, siebziger und achtziger Jahren Interviews mit zahlreichen Persönlichkeiten aus Wissenschaft, Politik, Film, Theater, Musik und Literatur. Viele von ihnen waren unter dem Nationalsozialismus in die USA emigriert, andere Repräsentanten des intellektuellen Lebens in der Bun-

Sprache

Ein Wort sei hier zur Sprache Egks in seinen Briefen gesagt: Private Briefe zu lesen, bedeutet ein Eindringen in einen Bereich, der normalerweise nicht für die Öffentlichkeit bestimmt ist. Hier eröffnet sich ein Blick auf genuine Aussagen der Schreibenden – dies besonders in Briefen innerhalb der Familie. In Richtung Elisabeths oder auch seines Sohnes Titus nahm Egk kein Blatt vor den Mund und äußerte sich mitunter in einer Vulgärsprache, die so nicht zu erwarten war.

Eine gehobenere Sprache wählte der literarisch gebildete Egk in Briefen an Adressaten aus seinem Geschäftsbereich, z. B. an seinen Verleger Ludwig Strecker. Als dritte Kategorie ist eine interne Sprache an Personen innerhalb eines (temporär bestehenden) engen Freundschaftsverhältnisses auszumachen, die von Außenstehenden nicht oder nur schwer zu entschlüsseln ist,[21] – zu nennen wären hier beispielsweise Gottfried von Einem oder Boris von Borresholm[22].

Nach 1945 zeigt sich in manchen Wörtern und Wendungen, dass Egk den Jargon des Nationalsozialismus weiter gebrauchte. Im Interview mit Troschke sprach er davon, dass die Vorstellungen der Leute »vielfach noch verseucht«[23] seien. Er bezeichnete das von Politikern regierte Volk als »Pinscher«[24]. Das Wort »Propaganda« oder die Wendung »für Propagandazwecke«[25] verwendete Egk noch in den 70er-Jahren. Auch Elisabeth Egk bediente sich weiter nazistischer Rhetorik. 1950 bezeichnete sie den bayerischen Ex-Kultusminister Alois Hundhammer[26] als »Schädling«. Sie schrieb:

---

desrepublik. Die Interviews wurden in Radiosendungen als Zeitzeugen-Reihen ausgestrahlt.«, Harald von Troschke, »Interview mit Werner Egk«, in: *Harald Troschke Archiv*, https://troschke-archiv.de/interviews/werner-egk [abgerufen am 21.3.2024].

21 Vgl. Custodis und Geiger, *Netzwerke der Entnazifizierung*, S. 74f.; auch Custodis und Geiger differenzieren hier verschiedene Sprach-Stile in Egks Briefen.

22 Vgl. Briefe BSB/Ana 410 an genannte Personen um 1946 / 47.

23 Troschke, »Interview mit Werner Egk«, [03:23], Webseite.

24 Ebd., [53:10].

25 Vgl. z. B. Brief von Werner Egk an Ludwig Strecker vom 11. Januar 1970, BSB/Ana 410 / G, Mappe Schneider-Schott | bis 1970.

26 Vgl. Bernhard Zittel, »Alois Hundhammer (1900–1974)«, in: *Zeitgeschichte in Lebensbildern. Aus dem deutschen Katholizismus des 19. Und 20. Jahrhunderts*, Bd. 5, hrsg. von Jürgen Aretz, Rudolf Morsey und Anton Rauscher, Mainz 1982, S. 253–265; Hundhammer setzte 1949 Egks Faust-Ballett Abraxas vom Spielplan der bayerischen Landesbühnen ab (Abraxas-Skandal), da er es als »obszön und dem christlichen Empfin-

> Inzwischen hat's also den Hundshammer [sic] nun endlich zrissen. Hinten herum wird er zwar sicher noch lang versuchen, seine schädlichen Machenschaften fortzusetzen, aber so ungehindert wird er's nun doch nicht mehr können. Aber der Hundshammer ist leider nicht der einzige Schädling in der Welt.[27]

Der Begriff »Schädling« war im Sprachgebrauch des »Dritten Reichs« etabliert.[28] In einem anderen Brief Elisabeth Egks an Brigitte Bergese findet sich folgende Formulierung:

> Kennt Ihr übrigens einen Herbert Graf in Berlin, der die Musikblätter herausgibt? Der beschimpft den Werner fast in jeder Manier in einer so unflätigen Weise, dß. es bald zum Krach kommen wird. Kennt ihr niemand, der den mal erledigen könnte? Meiner Ansicht nach arbeitet er mit dem Osten, getarnt natürlich, sicher mit Butting, Kopsch, Ebel etc. Tiessen hat sich in der letzten Nummer von ihm distanziert, er scheint den Braten auch nicht ganz wohlriechend zu finden. Wenn Du mir da mal was schreiben könntest und ob man ihn nicht von Berlin aus klein kriegen könnte, wär ich Dir sehr dankbar![29]

Hier sind es die Redewendungen »den mal erledigen« und »ihn klein kriegen«, die zeigen, dass Elisabeth Egk sich über die Zeit des Nationalsozialismus hinaus einen Jargon bewahrt hat, der erahnen lässt, mit welchen Mitteln Werner und Elisabeth Egk gegen etwaige Kritiker vorgehen konnten, und wie sie darüber hinaus ihre Netzwerke nutzten, um sie mundtot zu machen.

---

den bayerischer Zuschauer unzumutbare ›Schweinerei‹« ansah, vgl. ebd., S. 264; Egk selbst schrieb übrigens an die Tänzerin Tatjana Gsovsky, die er für die Uraufführung gewinnen wollte, über sein Faust-Ballett: »Das Erotische und das Sexuelle spielen eine gewaltige Rolle. Von der schleichenden Beschleimung bis zur gegenseitigen viehischen Vergewaltigung ist alles da, […].«, vgl. Brief von Werner Egk an Tatjana Gsovsky vom 11. August 1947, BSB/Ana 410.

27 Brief von Elisabeth Egk an Brigitte Bergese vom 28. Dezember 1950, veröffentlicht in: Kurz und Seuffert, *Der unbekannte Werner Egk*, S. 151.

28 Vgl. Mario Zeck, *Das Schwarze Korps. Geschichte und Gestalt des Organs der Reichsführung SS*, Tübingen 2002, S. 304ff.

29 Brief von Elisabeth Egk an Brigitte Bergese vom 22. Februar 1953, veröffentlicht in: Kurz und Seuffert, *Der unbekannte Werner Egk*, S. 157.

Werner Egk lässt in *Die Zeit wartet nicht* an zahlreichen Stellen keinerlei Zweifel an seiner Rolle als Regimegegner im NS-Staat, bediente sich aber der Sprache des Regimes. Als Beispiel sei hier ein Brief von 1943 an Karl Laux[30] genannt, in welchem Egk – der gerade an der Oper *Circe* arbeitete – seinen Zorn über die »Toterklärung der Klassik und die Verdammung des europäischen Kulturbegriffs durch die ›progressiven Intellektuellen‹ ganz besonders«[31] äußerte. Egk zitiert in seinem Buch selbst aus dem Brief:

> »Dann ist Gretchen ja auch nichts anderes als eine doofe Ziege. Warum ist sie nicht Jungmädelführerin, warum läßt sie sich von einem halbgebildeten Intellektuellen schwängern, statt mit einem SS-Mann zackige und gebärfreudige Erotik zu exerzieren! So was wie die Kerkerszene ist doch unter diesen Umständen kalter Kaffee. Soll sie doch ihren Balg beim Lebensborn abgeben! Und erst Hamlet! Der Mann muss vergast werden als unheilbarer Nervenkranker. Weg mit der Weltliteratur, fort mit Schaden, sonst vergiftet sie noch unsere herrliche deutsche Jugend! Im Faust kann ich gerade noch vier Zeilen finden, die für die Jugend, wie sie heute sein soll, brauchbar sind:
>
> ›*Wenn einer mir ins Auge sieht,*
> *werd ich ihm mit der Faust gleich in die Fresse fahren!*
> *Und eine Memme, wenn sie flieht,*
> *fass ich bei ihren letzten Haaren!*‹«[32]

Insofern wird Egks Nähe zu NS-Ideologien in seiner Sprache offenbar.

---

30 Der NS-nahe Musikschriftsteller und Musikkritiker Karl Laux schreibt 1943 in einer Laudatio, dass Egk als Komponist durch die Ausführung von (staatlichen) Auftragswerken »an dem Leben seines Volkes teilnimmt, an seinen Festen, zu deren Gepräge er mit seiner Musik beiträgt. Das heißt, dass er dem künstlerischen Individualismus abgeschworen hat, […].«; Karl Laux, »Werner Egk«, in: *Jahrbuch der deutschen Musik*, Bd. 1, Leipzig 1943, S. 123–124, zitiert nach: Fred K. Prieberg, *Handbuch deutsche Musiker 1933–1945*, CD-ROM, 2004, https://archive.org/details/bib130947_001_001/page/6/mode/2up?q=Egk&view=theater [abgerufen am 21.3.2024], S. 392.

31 Egk, *Die Zeit wartet nicht*, S. 359.

32 Ebd., S. 359f.; der Durchschlag des Briefes ist in BSB/Ana 410 nicht vorhanden.

1 Egks Persönlichkeit

In der bisherigen Forschung zu Egk und Nationalsozialismus ist seiner Kindheit und Jugend, der ersten Zeit nach seiner Heirat sowie den späten 1920er-Jahren in Berlin relativ wenig Beachtung zugekommen. Ein möglicher Grund hierfür mag darin bestehen, dass all dies seine Karriere im NS-Deutschland nicht offensichtlich und unmittelbar zu betreffen schien. Dessen ungeachtet können das autobiografische Zeugnis Egks (so unzuverlässig es stellenweise sein mag) und seine Briefe aus dieser Zeit Rückschlüsse auf Egks individuelle motivationale und weltanschauliche Dispositionen erlauben.

1.1 Egks persönliche Dispositionen

Egk lässt in seiner Autobiografie teilhaben an seiner Kindheit unter seiner sanftmütigen Mutter und seinem autoritären Vater, der bedingungslosen Gehorsam forderte (»Papa war in der häuslichen Hierarchie der oberste Gott, [...]«[33]). Von der Dorfjugend wurden die »wohlgeborenen« Lehrerkinder, die in allem besser zu sein hatten als die Gleichaltrigen, ferngehalten.[34] Mehrfach erwähnt Egk das Alte Testament, das er bereits gekannt habe, bevor er lesen konnte, und das er später mit Begeisterung aufgesogen hätte.[35] Einige später hervorstechende Persönlichkeitsmerkmale Egks scheinen bereits in seinen jungen Jahren deutlich ausgeprägt gewesen zu sein: Zu nennen sind hier seine vielfältigen Interessen und Begabungen[36], seine Beobachtungsgabe, seine Intelligenz und seine Renitenz Menschen gegenüber, die glaubten, ihn befehligen zu können.[37] Zu nennen sind weiter sein an Hybris grenzendes Selbstbewusstsein, seine Herablassung und Egozentrik sowie seine Durchtriebenheit und

---

33 Ebd., S. 10.

34 Ebd., S. 22.

35 Vgl. ebd., S. 17 und 22.

36 Vgl. Stadt Donauwörth (Hrsg.), *Werner Egk, eine universelle Begabung: Komponist, Schriftsteller, Interpret, und Zeichner*, Donauwörth 2004 (Beiträge zum 1. Werner-Egk-Symposium Donauwörth 12.–14. November 1999).

37 Vgl. Troschke, »Interview mit Werner Egk«, [10:42], Webseite.

Respektlosigkeit.[38] Egk hatte seinen eigenen Kopf und fand Mittel und Wege, danach zu handeln. Aus seinen Briefen an seine Frau Elisabeth geht hervor, dass er sein Umfeld und seine Wirkung sehr genau beobachtete und ein feines Gespür dafür entwickelte, wie er sein Gegenüber gewinnen oder zu etwas bewegen konnte. Er setzte sowohl seinen Charme als auch die ihm eigene List und tabulose Unverfrorenheit, mit der er zu überrumpeln vermochte, gezielt und berechnend ein.

1.2 Mögliche frühe Einflüsse

Werner Mayer, wie er zu jener Zeit noch hieß, trennte sich nach dem Abitur mit neunzehn Jahren von seinem Elternhaus, um seinem autoritären Vater, der ihn zu einer Postbeamten-Laufbahn bewegen wollte, zu entfliehen und seinen eigenen Weg zu gehen.[39] Folgt man seiner Autobiografie, so nahm Egk damals mehrfach Kontakt zu einem Kreis radikaler Jungen auf, die sich gegen Tradition, Gesellschaftsordnung und Sitte stellten und ihre eigene Version des Kommunismus lebten. Egk scheint davon angezogen gewesen zu sein.[40]

Werner Egk und Elisabeth Karl bezogen – so Egks Schilderung[41] – kurz nach ihrer Heirat im März 1923[42] ein Hinterzimmer in der Wohnung eines Bekannten Werner Egks in Augsburg. Von dort aus hörten sie abends und nachts häufig die Geräusche eines in unmittelbarer Nähe stattfindenden Trinkgelages. Werner Egk berichtet, dass ihn sein Hausherr (der nicht unbedingt identisch mit dem Bekannten sein muss, in dessen Wohnung das junge Paar das Zimmer bewohnte) einlud, an solch einem Gelage teilzunehmen, als Elisabeth gerade verreist war. In der Folge besuchte Werner Egk diese Versammlung radikaler, paramilitärischer Nationalsozialisten mehrfach. Er schrieb:

> Er [der Hausherr] war Gründer und Leiter der »Reichskriegsflagge«, einer der vielen gleichgerichteten Organisationen. Oberster Chef war Ludendorff, der »Trommler« der Bewegung war Adolf Hitler.[43]

---

38 Vgl. Egk, *Die Zeit wartet nicht*, S. 37ff.

39 Troschke, »Interview mit Werner Egk«, [14:03], Webseite.

40 Vgl. Egk, *Die Zeit wartet nicht*, S. 55f. und 83ff.

41 Vgl. ebd., S. 99ff.

42 Vgl. ebd., S. 551.

43 Ebd., S. 103.

Gründer und Leiter des *Bund Reichskriegsflagge*[44] war Ernst Röhm, sodass es sich bei Egks Hausherrn um ebendiesen gehandelt haben muss.[45] Es ließ sich allerdings kein Hinweis darauf finden, dass Röhm in Augsburg ein Haus oder eine Wohnung besessen hätte.

Die Auflösung zu dieser Ungereimtheit offeriert Ernst Röhm in seiner Autobiografie *Die Geschichte eines Hochverräters*, die 1928 in München erschien. Darin berichtet er von der Übergabe des Augsburger Ortsverbandes *Reichsflagge* an den *Bund Reichskriegsflagge* am 11. Oktober 1923:

> Die am 7. 10. von Hauptmann H e i ß aufgelösten Gruppen der Reichsflagge faßte ich sofort unter meiner Führung als »Reichskriegsflagge« zusammen. Die gesamte bisherige Reichsflagge unterstellte sich mir. Schon am 11. 10. war die Reichskriegsflagge Augsburg errichtet. Ihr strammer Führer K ü n a n z stellte mir an diesem Abend seinen geschlossenen Verband zur Verfügung. Gemeinsam mit Hermann E s s e r weilte ich am gleichen Abend bei der N. S. D. A. P. Augsburg.[46]

Die süddeutschen *Reichsflaggen*-Ortsverbände München, Schleißheim, Augsburg und Memmingen schlossen sich Anfang Oktober 1923 unter Röhm zum *Bund Reichskriegsflagge* zusammen, um Hitler und Ludendorff in deren Putsch-Bestrebungen zu unterstützen.[47] Der »stramme Führer Künanz«, der Röhm den Augsburger Verband übergab, war – verknüpft man Egks und Röhms Aussagen – der Pianohändler Erich Künanz, der damals im Haus in der Karolinenstraße 47 sein Geschäft hatte und dort auch wohnte.[48]

---

44 Vgl. Christoph Hübner, »Reichskriegsflagge, 1923–1925«, in: *Historisches Lexikon Bayerns*, www.historisches-lexikon-bayerns.de/Lexikon/Reichskriegsflagge,_1923–1925 [abgerufen am 21.3.2024].

45 Vgl. Hübner, »Reichskriegsflagge, 1923–1925«, Webseite; Ernst Röhm war Gründer und Leiter des *Bund Reichskriegsflagge*.

46 Ernst Röhm, *Die Geschichte eines Hochverräters*, München [2]1930, S. 201.

47 Vgl. Hübner, »Reichskriegsflagge, 1923–1925«, Webseite; Beim Hitlerputsch am 9. November 1923 in München war Röhm maßgeblich beteiligt.

48 Vgl. Stadtmagistrat Augsburg (Hrsg.), *Adreß-Buch der Stadt Augsburg für das Jahr 1916*, Augsburg 1916, S. 183; vgl. auch: Stadtrat Augsburg (Hrsg.), *Einwohnerbuch der Stadt Augsburg 1926*, Augsburg 1926, I. Teil, S. 233; vgl. auch: StadtAA, Meldebögen, Künanz Erich, 1890.

An diesem Haus – heute Spenglergäßchen 2 – erinnert gegenwärtig eine Tafel daran, dass Werner Egk 1923 darin gewohnt hat. Dort befand sich die von Egk beschriebene »Orchestrion-Kammer«[49], in die er mit Elisabeth kurz nach der Heirat eingezogen war. Erich Künanz war sein Hausherr bzw. Hauswirt, mit dem er zu den Versammlungen der Nationalsozialisten – vermutlich Mitglieder der *Reichsflagge* bzw. des *Bund Reichskriegsflagge* – ging. Egk nahm am wöchentlichen Stammtisch der Organisation teil, bei dem die Rede war »vom Marsch auf Berlin, von der Ausrottung des jüdischen Bolschewismus, von geheimen Waffenlagern, von Flugzeugen, die in Scheunen versteckt waren«[50]. Wer darüber nicht Stillschweigen bewahren konnte, wurde beseitigt, so Egk. Er schrieb:

> Einmal hieß es, die »Nacht der langen Messer« sei nahe. Mein Hauswirt erklärte: »Kommunisten und Juden werden mit dem Messer erledigt. Ein Rollkommando besteht aus drei Mann, aus zwei zuverlässigen und einem Schlappschwanz. Der muß den Halsabschneider machen. Damit bewährt er sich. Versagt er, wird er zum Verräter erklärt.« Wenn ich die Namen der Augsburger, die auf der Liquidationsliste stehen, sehen wolle, er habe sie in der Tasche. Ich wollte sie nicht sehen.[51]

Egk ging zu einer Versammlung mit Adolf Hitler, »um zu hören, wie der Trommler trommelte.«[52] Als Versammlungsort gibt Egk den Ludwigsbau an, 1923 hat Hitler in Augsburg jedoch nicht im Ludwigsbau, sondern zweimal in der Sängerhalle gesprochen.[53] Egk weiter dazu:

> Ich geriet an einen Biertisch, dicht besetzt mit Randalierern, Aufschneidern, Säufern und Sadisten. Modellfiguren der Trollwelt für meine fünfzehn Jahre später an der Berliner Staatsoper uraufgeführte »Peer-Gynt«-Oper.[54]

---

49 Egk, *Die Zeit wartet nicht*, S. 99f. und 102.

50 Ebd., S. 103.

51 Ebd., S. 104.

52 Ebd., S. 104f.

53 Vgl. Michael Cramer-Fürtig und Bernhard Gotto (Hrsg.), *»Machtergreifung« in Augsburg. Anfänge der NS-Diktatur 1933–1937*, Augsburg 2008, S. 278.

54 Egk, *Die Zeit wartet nicht*, S. 105.

In seiner Biografie gibt Egk zwei von den Männern geschilderte, äußerst sadistische Gräueltaten wieder.[55] Hitlers Rede-Dramaturgie belegt er mit musikalischen Ausdrucksbezeichnungen: »*Lento pianissimo* über einige noch maßvolle Höhepunkte zu einem exzessiven *Presto fortissimo*.«[56] Durch das Zitat der 1. Strophe aus dem *Alfabet* von Brecht[57] rückt er sich in die Position des Distanzierten (»B. B. hatte schon recht wenn er schrieb: *Adolf Hitler, dem sein Bart | Ist von ganz besonderer Art. | Kinder, da ist etwas faul: | Ein so kleiner Bart und ein so großes Maul.*«[58]), und attestierte Hitler, ein guter Verkäufer seiner Ideologien zu sein:

> Was hatte der Mann eigentlich gesagt? Nichts Besonderes, etwas, was alle schon kannten: Dolchstoß, Versailler Schandvertrag, Deutsches Volk, jüdischer Bolschewismus, ohne logischen Zusammenhang und in einer Formulierung, wie sie der mieseste Journalist ohne Schwierigkeiten anbieten konnte. Anbieten – ja, verkaufen – nein. Aber er konnte das.[59]

Es bleibt unklar, was Egk dazu veranlasst hat, diese Treffen zu besuchen: Unterlag er einer Art Zwang, fühlte er sich durch seinen Hauswirt gedrängt, oder übte es eine gewisse Faszination auf ihn aus? War es die Neugierde, die ihn an den Treffen teilnehmen ließ, oder war er bereits von der nationalsozialistischen Bewegung erfasst? Hatte der »Trommler« ihn beeindruckt? Egk stellt es so dar, dass er und seine Frau – hier spricht er explizit von einem »Wir« – dem Ganzen unfreiwillig ausgesetzt gewesen wären, und es als Erlösung empfunden hätten, die »Orchestrion-Kammer« Ende 1923 verlassen zu können und in die Wohnung der Eltern Elisabeths aufgenommen zu werden.[60] Egk fügte hinzu:

---

55 Vgl. ebd.

56 Ebd.

57 Ebd., S. 106.

58 Ebd.

59 Vgl. ebd.

60 Vgl. ebd., S. 107; Werner Egk war bis 12. September 1923 offiziell bei seinem Vater in der Miltenbergstraße 2 gemeldet, ab 18. September 1923 meldete er sich bei der zuständigen Stadtpolizei als Mieter im Rückgebäude des Fuggerhauses am Zeugplatz bei seinem Schwiegervater Franz Xaver Karl, vgl. StadtAA, Meldebögen, Egk Werner, 1901.

> Die Zeitungen berichteten über den mißglückten Putsch in München und über die Auflösung von »Bund Oberland« und »Reichskriegsflagge«. Der Alptraum wich und war rasch vergessen.[61]

War es wirklich schnell vergessen?

Es ist denkbar, dass der junge Werner Egk dem *Bund Reichskriegsflagge* oder auch dem *Bund Oberland* näherstand, denn seine Schilderung wirkt, als wolle er Kritikern zuvorkommen, indem er seine distanzierte Position zweifelsfrei deutlich macht. Dies führt zu der Frage, ob diese Geschichte mit Werner Egks späterer Karriere als Komponist im NS-Staat zusammenhängt. Wie war es möglich, dass Egk, der von sich behauptete, nie ein Nationalsozialist gewesen zu sein, im »Dritten Reich« eine so beachtliche Karriere verfolgen konnte und »aus heiterem Himmel«[62] auf den Posten des Leiters der Fachschaft Komponisten innerhalb der Reichsmusikkammer berufen wurde?

Gab es potenziell zwingende Gründe dafür, dass Werner Mayer – seinen Angaben nach ab der Heirat im März 1923[63], offiziell genehmigt ab Dezember 1937[64] – seinen Familiennamen umänderte in »Egk«? Ein Brief von Elisabeth Egks Bruder Erwin Karl[65] an die Mutter verrät, dass die Namensänderung im Juni 1923 wahrscheinlich noch nicht erfolgt war, wenn er von seiner Schwester als »Frau Meier [sic]« spricht.[66] Nachweislich verwendete Egk noch 1928 seinen Geburtsnamen für eine Personensuche beim Meldeamt in Berlin.[67] Überdies kann spekuliert werden, ob die Reise und der darauffolgende Umzug nach Italien im Sommer 1925[68], bei dem das Ehepaar den knapp einjährigen Sohn Titus bei der Großmutter in Augsburg zurückließ[69], eine Flucht vor NS-Kontakten

61 Egk, *Die Zeit wartet nicht*, S. 107.

62 Ebd., S. 345.

63 Vgl. ebd., S. 551.

64 Vgl. ebd., S. 555.

65 Vgl. Meldebögen, KARL Franz, 1857, StadtAA; Erwin Karl geb. am 30. Juni 1889 in Weißenhorn, Reichsbahnrat.

66 Vgl. Brief von Erwin Karl an Frau Oberlandesgerichtsrat Karl vom 20. Juni 1923, StA-Don/WE-K-1-5.

67 Vgl. Personen-Suchschein vom 18. April 1928, StA-Don/WE-K-4.

68 Vgl. Egk, *Die Zeit wartet nicht*, S. 110ff. und 551.

69 Vgl. ebd., S. 127; Egk schrieb: »Titus, unser kleiner, so schmerzlich vermißter Liebling, erschien in Begleitung von Oma und Tante. Der Schwiegervater hatte das Zeitliche gesegnet, und so blieben wir vorerst alle da.«; Franz Karl war am 24. November 1925 verstorben, vgl. Meldebögen, KARL Franz, 1857, StadtAA.

war, in die sich Egk verstrickt hatte. Bemerkenswert ist in jedem Fall, dass »*immediat* [sic] – so wie in der ›Zaubergeige‹ der gute Cuperus –«[70] ein Bankier namens Rosenbusch einen Scheck überreicht haben soll, der dem Ehepaar die Reise erst ermöglichte.[71]

1.3 Karrierestreben

Die dargelegten persönlichen Dispositionen waren sicher eine Mitursache für Egks unbedingtes Streben nach Erfolg und Status. Ein weiterer Grund war pragmatischer Natur: Egk hatte sich schon vor der Heirat mit Elisabeth weitgehend von seiner Familie gelöst[72], und in Elisabeths Familie war er zunächst nicht akzeptiert, da er über kein gesichertes Einkommen verfügte.[73] Elisabeth Egks älterer Bruder Erwin Karl distanzierte sich sogar ausdrücklich von seiner Schwester Elisabeth (»Frau Meier«) und sah in der Sorge des Vaters um Elisabeth – wohl wegen der überstürzten Hochzeit mit Werner (die »famose Affäre«[74]) – den Grund für dessen zunehmenden Verfall.[75]

Das junge Ehepaar stand zu beiden Familien nicht im besten Verhältnis, und befand sich nach der Rückkehr aus Italien nicht nur ökonomisch, sondern auch mental unter dem Druck, selbstständig zurecht zu kommen. 1928 war Elisabeth Egk schließlich längere Zeit mit dem *Marionettentheater Münchner*

---

70 Egk, *Die Zeit wartet nicht*, S. 110.

71 Es könnte sich um den Bankdirektor Paul Rosenbusch (1891–1940) aus der Bankiers-Dynastie Rosenbusch in Augsburg gehandelt haben. Laut Egk hatte der Bankier Rosenbusch (»unser Freund«) auf dem rauschenden Faschingsfest der Egks im Frühjahr 1925 seine zukünftige »Eheliebste« kennengelernt, und sich dafür mit einem Scheck revanchiert. Pauls Bruder Alfred Rosenbusch (1887–1945) heiratete 1919, er kommt also in diesem Fall nicht in Frage. Vgl. Alfred Hausmann, »Alfred Rosenbusch«, in: *Online Gedenkbuch*, hrsg. von der ErinnerungsWerkstatt Augsburg e. V., https://gedenkbuch-augsburg.de/biografien/alfred-rosenbusch [abgerufen am 21.3.2024], und vgl. Egk, *Die Zeit wartet nicht*, S. 109f.

72 Vgl. Egk, *Die Zeit wartet nicht*, S. 51ff.

73 Vgl. ebd., S. 93ff.

74 Brief von Erwin Karl an Frau Oberlandesgerichtsrat Karl vom 20. Juni 1923, StA-Don/WE-K-1-5 [Brieftranskription im Anhang].

75 Vgl. ebd.

Künstler von Paul Brann unterwegs. Währenddessen ging Egk in München zerknirscht stempeln und suchte vergeblich Arbeit.[76]

Egk zog Mitte 1928 nach Berlin, um dort Fuß zu fassen und so Verdienstmöglichkeiten aufzutun. Dies erwies sich über längere Zeit als schwierig, er erhielt trotz seiner Anstrengungen lediglich Absagen oder wurde laufend vertröstet. Von Ende 1928 bis Ende 1929 bat er seinen Vater (»Pa«) mehrfach um Geld.[77] Die Situation war für ihn äußerst frustrierend, und all diese Erfahrungen mögen der Grund dafür gewesen sein, dass es sein oberstes Ziel wurde, sich mit allen Mitteln und unter allen Umständen als Komponist und Dirigent zu etablieren und finanziell erfolgreich zu sein. Dies könnte aber auch Ursache dafür gewesen sein, dass Egk für völkische und antisemitische Anschauungen empfänglich wurde, sofern er nicht schon vorher davon infiltriert gewesen war.

---

76 Vgl. z. B. Brief von Werner Egk an Elisabeth Egk, undatiert, StA-Don/WE-K-2-2; auch Brief von Werner Egk an Elisabeth Egk vom 19. Juni 1928, StA-Don/WE-K-2-4.

77 Vgl. StA-Don, WE-K-4 und WE-K-5.

2 Egks Gedankenwelt und Verhaltensweisen

2.1 Verhältnis zu Juden

2.1.1 *Antisemitismus*

In den Briefen Egks an Elisabeth finden sich in den 20er-Jahren eindeutig antisemitische Aussagen über jüdische Dirigenten und über die Werke jüdischer Komponisten, denen Egk in seinen Konzertbesuchen begegnete. Ein antisemitisches Rätsel (Es geht um Beschneidung und einen Cohn)[78] und eine abfällige Bemerkung (»Na, das wird eine Judenschule!«)[79] können als Zeugnisse des Sprachgebrauchs in der Zeit der völkischen Bewegung der Weimarer Republik gesehen werden. Egks besondere Betrachtung von Musikschaffenden mit jüdischer Herkunft tritt ab Ende 1928 unzweifelhaft und offen in seinen Briefen zutage. Dabei projizierte er möglicherweise seine Unzufriedenheit, seinen Neid und seine Missgunst auf das, was er als »semitische« Bewegungen oder »jüdisches«, »ober- oder urjüdisches« Aussehen und Verhalten wahrzunehmen glaubte und einordnete, wobei er nicht näher definierte, woran er dies festmachte. Es genügte, jüdisch zu sein, um von Egk abgewertet oder beschimpft zu werden. Im Oktober 1928 kam es zu einer antisemitischen Aussage in Richtung des jüdischen Dirigenten Jascha Horenstein. Dem war vorausgegangen, dass Egk im April durch den Musikkritiker Walter Schrenk zu Ohren gekommen war, dass Horenstein beabsichtigte seine (Egks) Symphonie[80] aufzuführen.[81] Ende Juli teilte Hilde Horenstein ihm brieflich mit, dass es ihrem Mann

---

78 Brief von Werner Egk an Elisabeth Egk vom 25. März 1925, StA-Don/WE-K-2-2.

79 Brief von Werner Egk an Elisabeth Egk vom 08. Mai 1928, StA-Don/WE-K-2-4.

80 Dabei muss es sich um die 1926 komponierte *Kleine Symphonie* für Orchester gehandelt haben; vgl. Werner Egk, *Verzeichnis der veröffentlichten Werke*, Mainz [u.a.] 2000, S. 31.

81 Vgl. Brief von Werner Egk an Elisabeth Egk vom 20. April 1928, StA-Don/WE-K-2-4.

nicht möglich wäre, die Symphonie in einem seiner nächstjährigen Konzerte unterzubringen.[82] Ein paar Monate darauf, im Oktober, äußerte sich Egk über Horensteins Dirigat:

> Er sieht beim Dirigieren geradezu überjüdisch aus, wie ein Hampelmann aus dem Ghetto. Es war mir manchmal fast peinlich, diese semitische Gestikuliererei.[83]

In einem Brief vom Januar 1929 verleiht Egk seinem Missmut über Horensteins Programmauswahl Ausdruck, wobei auch Alban Berg gestreift wird:

> Wir [Egk und Stefan Frenkel] treffen uns in einem Philharmonie Konzert von Horenstein. Programm natürlich alter Mist und ein arrivierter Jude: Alban Berg!!! Der schissige Israelit. Feiger Hammel!![84]

Egks Begleiter zu diesem Konzert war höchstwahrscheinlich Stefan Frenkel, jüdischer Komponist und Geiger, der ebenso wie Alban Berg (der nicht jüdischer Abstammung war, aber posthum – er starb 1935 – als Kulturbolschewist galt[85]) auf der Liste der nicht-arischen, unerwünschten Komponisten stand, deren Werke ab 1935 nicht mehr gespielt werden durften.[86] Frenkel war einer der ersten Kontakte Egks in Berlin. Es steht zu vermuten, dass Egk nicht um Frenkels jüdische Herkunft wusste, oder Frenkel nicht als Konkurrenten empfand. Möglich ist auch, dass Egk sich durch den Kontakt einen Vorteil versprach. Letztmalig ist eine Erwähnung Frenkels in einem Brief vom 21. Juni 1929 zu finden.[87]

Ein paar Tage nach obengenanntem Konzert schrieb Egk am 2. Februar 1929 wieder an Elisabeth:

---

82 Brief von Hilde Horenstein an Werner Egk vom 29. Juli 1928, StA-Don/WE-K-1-1.
83 Brief von Werner Egk an Elisabeth Egk vom 3. Oktober 1928, StA-Don/WE-K-2-4.
84 Brief von Werner Egk an Elisabeth Egk vom 28. Januar 1929, StA-Don/WE-K-2-5.
85 Vgl. Prieberg, *Handbuch deutsche Musiker*, S. 1323.
86 Vgl. ebd., S. 3036.
87 Vgl. Brief von Werner Egk an Elisabeth Egk vom 21. Juni 1929, StA-Don/WE-K-2-5.

> Horenstein dirigierte Berlioz Berg Beethoven. Berg ist Scheisse. Den 1. Satz hab ich spurlos vergessen. Der 2. ist ein pp Gemauschel und der 3. Rautendeleins Leid (frei nach Zöllner) aber auf Jiddisch.[88]

Auch dies eine Anspielung auf eine jüdische Abstammung Bergs, die nicht der Realität entsprach. Weiter heißt es:

> Beethoven war eine Qual. Der Kerl (Horenst.) zerfetzt alles aus Eitelkeit und unglaublichem Krampf. Aber der frühere Reichskanzler Dr Luther[89] und andere haben ihn in wenigen Monaten zum Generalmusikdirektor gemacht. Pass auf, dieser jüdische Hund sitzt in 2 Monaten an der Staatsoper.[90]

Horenstein, der ab den frühen 1920er-Jahren in Berlin von Furtwängler gefördert und den Berliner Philharmonikern mehrfach als Gastdirigent empfohlen wurde, hatte im September 1928 ein Engagement zum Musikdirektor an der Oper Düsseldorf angenommen. Aufgrund seines dortigen großen Erfolges wurde ihm ab der Spielzeit 1929 / 30 ein mehrjähriger Vertrag unter dem Titel »Generalmusikdirektor« angeboten.[91] Die Aussage, dass der ehemalige Reichskanzler Hans Luther etwas mit der Berufung Horensteins zu tun gehabt hätte, lässt sich aus der Literatur indes nicht nachvollziehen. Es handelt sich dabei möglicherweise um interne Informationen, oder schlechthin um eine Falschbehauptung, die dem Neid Egks entsprungen war.

Im März 1933 wurde Horenstein nach Aufforderung durch eine SA-Einheit, die eine Aufführung der Beethoven-Oper *Fidelio* stürmte, als Dirigent mit

---

88 Brief von Werner Egk an Elisabeth Egk vom 2. Februar 1929, ebd.

89 Hans Luther war von Januar 1925 bis Mai 1926 Reichskanzler des Deutschen Reichs; vgl. Karl Erich Born, »Luther, Hans« in: *Neue Deutsche Biographie*, Bd. 15, hrsg. von der Historischen Kommission bei der Bayerischen Akademie der Wissenschaften, Berlin 1987, S. 544–547, hier S. 545f.

90 Brief von Werner Egk an Elisabeth Egk vom 2. Februar 1929, StA-Don/WE-K-2-5.

91 Vgl. Bastian Fleermann, »‚der Musik ein liebevoller und verständiger Ausdeuter'. Zeitungsausschnitte zum Wirken des Dirigenten Jascha Horenstein in Düsseldorf (1928–1933)«, in: *Jahresbericht 2009. Mahn- und Gedenkstätte Düsseldorf*, hrsg. von der Mahn- und Gedenkstätte Düsseldorf, Düsseldorf 2010, www.ns-gedenkstaetten.de/fileadmin/files/d_mug_Jahresbericht_2009.pdf [abgerufen am 21.3.2024], S. 31–32, hier S. 31.

sofortiger Wirkung abgesetzt und beurlaubt. Er emigrierte später nach Paris und New York.[92]

Im selben Brief (vom 2. Februar 1929) ließ Egk seine Frau an seinen Gedanken über das Johannes-Evangelium teilhaben, das er »von vorn bis hinten« las (nachdem er das Buch *Der Immoralist* von André Gide so »zerstörend« fand).[93] Er schrieb:

> Das war spannender als ein Roman. Aber die Juden inclusive der Apostel sind ein fürchterliches Pack. Er [Jesus] muss doch alles 20 X sagen, weil sie immer alles falsch verstehen. [...] Von der Auferstehung an wird das Buch weniger grossartig. Da hat es etwas leicht Jüdisches.[94]

Es wird eine christlich motivierte Judenfeindlichkeit augenscheinlich, wie sie während der Weimarer Republik beispielsweise auch der NS-Ideologe Alfred Rosenberg vertrat[95]. Dieser sah Jesus als den antijüdischen Feind des Alten Testaments im Johannes-Evangelium genial charakterisiert.[96]

Im Juli 1929 besuchte Egk »bei Kroll«[97] einen Klemperer-Strawinsky-Abend. Er berichtete Elisabeth detailliert und begeistert von *Les noces*[98], und kritzelte eine polemische Äußerung über die Akteure im Staatstheater-Betrieb (Strawinsky war anwesend) und die Besucher des Abends auf die letzte Seite des Briefes:

> Publikum urjüdisch Strawinsky selbst wie ein kleiner sich windender Affe. Klemperer ein Oberjude die 4 Kapellmeister am [sic] Klavieren der Oper

---

92 Vgl. Prieberg, *Handbuch deutsche Musiker*, S. 3204; auch: Fleermann, »der Musik ein liebevoller und verständiger Ausdeuter«, Webseite, S. 31–32.

93 Vgl. Brief von Werner Egk an Elisabeth Egk vom 2. Februar 1929, StA-Don/WE-K-2-5.

94 Ebd.

95 Vgl. Alfred Rosenberg, *Das Verbrechen der Freimaurerei. Judentum, Jesuitismus, Deutsches Christentum*, München 1921, S. 76.

96 Vgl. Alfred Rosenberg, *Der Mythus des 20. Jahrhunderts. Eine Wertung der seelisch-geistigen Gestaltenkämpfe unserer Zeit*, München [146]1939 [Erstveröffentlichung 1930], S. 606f.

97 Vgl. »Kroll-Oper«, in: *Deutscher Bundestag*, www.bundestag.de/parlament/geschichte/schauplaetze/kroll_oper [abgerufen am 21.3.2024]; die Kroll-Oper war ein Opernhaus in der Nähe des Reichstagsgebäudes.

98 Tanzszenen nach Ramuz von Strawinsky, 1923 abgeschlossen; vgl. Ulrich Michels, *dtv-Atlas Musik*, München [4]2015, S. 497.

> alle 4 Juden die Solisten Juden. Es war wie wenn man gar nicht dazugehörte. An leitenden Stellen der Staatstheater sind 16 Männer (Generalmusikdirektoren und Operndirektoren etc) darunter 15 Juden ein Nichtjude der aber kein Deutscher sondern Westschweizer ist[99]

Egk fühlte sich ausgeschlossen und prangerte die in seinen Augen rang- und zahlenmäßige Dominanz der Juden in seinem Metier an.

Nach Juli 1929 war er mit Rundfunk-Aufträgen beschäftigt[100], und schloss sich der »Vereinigung für zeitgenössische Musik« an, die von 1929 bis 1931 insgesamt vier Festwochen organisierte[101]. Mutmaßlich spielten deshalb missgünstige Aussagen über jüdische Kollegen in seinen Briefen keine Rolle mehr; möglicherweise hatte er andere Wege gefunden, seiner Einstellung Raum zu geben, oder entsprechende Briefe wurden beizeiten aussortiert.

In einem Brief vom September 1936 tätigte Egk eine antisemitische Äußerung in Richtung des Dirigenten Leo Blech. Da die Nürnberger Gesetze vom 15. September 1935[102] zu diesem Zeitpunkt seit einem Jahr in Kraft waren, konnte Egk es sich erlauben, den damals 65-jährigen gefeierten Dirigenten von oben herab anzuerkennen und zu verwerfen:

> Gestern war ich in der Schirinprobe.[103] Mist! Heute in der Butterfly Probe. Interessant war Blech! Enorm jüdisch, provozierend penetrant aber glänzender Dirigent. Trotzdem nicht das was uns liegt![104]

---

99 Brief von Werner Egk an Elisabeth Egk vom 19. Juni 1929, StA-Don/WE-K-2-5. [Dokument 1 im Anhang].

100 Vgl. Joachim-Felix Leonhard (Hrsg.), *Programmgeschichte des Hörfunks in der Weimarer Republik*, Bd. 2, München 1997, S. 864f., 871, 928, 933f. und 936f.

101 Vgl. Robert Braunmüller, »Aktiv im kulturellen Wiederaufbau«, in: *Werner Egk: Eine Debatte zwischen Ästhetik und Politik*, hrsg. von Jürgen Schläder, München 2008 (Münchner Universitäts-Schriften. Studien zur Münchner Theatergeschichte, Bd. 3), S. 33–69, hier S. 35.

102 Vgl. Hilde Kammer und Elisabeth Bartsch, *Lexikon Nationalsozialismus. Begriffe, Organisationen und Institutionen*, Reinbek bei Hamburg 1999, S. 175f.

103 *Schirin und Gertraude*, heitere Oper op. 51 von Paul Graener, vgl. Knut Andreas, »Graener, Paul«, in: MGG (*Die Musik in Geschichte und Gegenwart. Allgemeine Enzyklopädie der Musik*), 2., neu bearbeitete Ausgabe, hrsg. von Ludwig Finscher, Personenteil, Bd. 7, Kassel u. a. [2]1999, Sp. 1455–1457, hier Sp. 1456.

104 Brief von Werner Egk an Elisabeth Egk vom 15.September 1936, StA-Don/WE-K-2-10; vgl. auch unter 3.2.5.

Egk selbst war als Dirigent an der Staatsoper Berlin angestellt, und es klingt, als wäre seine Meinung in Personalfragen mitentscheidend gewesen. Blech war noch bis 1937 unter dem Schutz des Preußischen Ministerpräsidenten Hermann Göring[105] Generalmusikdirektor der Staatsoper Berlin und emigrierte anschließend nach Lettland.[106]

2.1.2 *Annäherungen*

Egks Antisemitismus scheint nicht grundsätzlicher Natur gewesen zu sein. Ende 1928 nahm er einen Auftrag des *Jüdischen Nationalfonds e. V. Berlin* an und schrieb Max Lampels Musikwerk *Frühling in Palästina* für großes Salonorchester um.[107] Eine Einladung zum Ball der Zionisten nahm er hingegen nicht wahr.[108]

Als er sich im Mai 1935 zu Proben und Uraufführung der Oper *Die Zaubergeige* in Frankfurt aufhielt,[109] logierte er bei einem jüdisch verheirateten Bankier[110], ein Arrangement, das über Egks Freund »Wetz« (Bertil Wetzelsberger, Opernchef in Frankfurt[111]) zustande gekommen war. Egk schrieb am 7. Mai:

> Gestern hat mich Wälterlin[112], der mir sehr gewogen ist, zu Freunden mitgenommen, einer Patriachenfamilie von alttestamentarischen Ausmassen.

---

105 Jüdische und »jüdisch versippte« Kulturschaffende, die in der Gunst Hitlers, Goebbels oder Görings standen, konnten durch Ausnahmegenehmigungen vor Sanktionen nach den Nürnberger Rassegesetzen verschont werden; vgl. Volker Koop, *»Wer Jude ist, bestimme ich«. »Ehrenarier« im Nationalsozialismus*, Wien [u. a.] 2014, S. 115ff.

106 Vgl. ebd., S. 157f.; auch: Prieberg, *Handbuch deutsche Musiker*, S. 490; übrigens schrieb Blech offensichtlich 1946 an Egk einen Brief (nicht aufgefunden), dessen Inhalt diesen vor »Vergnügen« und »holder Scham« erröten ließ, so Egk im Antwortschreiben. Er habe Blechs Dirigierweise von jeher bewundert und verehrt. Vgl. Brief von Werner Egk an Leo Blech vom 3. Juni 1946, BSB/Ana 410.

107 Briefe von Werner Egk an Elisabeth Egk vom 29. November 1928 – 31. Dezember 1928, StA-Don/WE-K-1-1.

108 Brief von Werner Egk an Elisabeth Egk vom 12. Dezember 1928, StA-Don/WE-K-2-4.

109 Vgl. Egk, *Die Zeit wartet nicht*, S. 554.

110 Vgl. ebd., S 225f.

111 Vgl. Ernst Klee, *Das Kulturlexikon zum Dritten Reich. Wer war was vor und nach 1945*, Frankfurt am Main 2009, S. 596.

112 1933–1938 Oberspielleiter der Oper Frankfurt, Oskar Wälterlin musste 1932 u. a. wegen seiner Homosexualität als Direktor des Stadttheaters Basel zurücktreten; vgl. Christian Jauslin, »Oskar Wälterlin«, in: *Theaterlexikon der Schweiz*, Bd. 3, hrsg. von Andreas Kotte, Zürich 2005, S. 2048–2050.

> (Arier trotzdem) […] Freunde davon (sehr reich und üppig aber Halbjuden) würden mich gerne einladen, zu wohnen und zu essen. Werde ich vielleicht machen, kann nit verstan [sic] warum Wetzelsberger mir das nicht gesagt hat. Gewusst hat ers. Wahrscheinlich Schlamperei.[113]

Egk war augenscheinlich nicht darüber erfreut, dass Wetzelsberger ihn bei »Halbjuden« untergebracht hatte. In der Autobiografie ist nichts davon zu spüren. Egk zeigt sich im Nachhinein höchst beeindruckt von den kultivierten und vermögenden Mäzenen, die sich positiv über die Erfolge Hitlers geäußert und sich sicher gefühlt hätten. Egk zufolge wurde in der Frankfurter Bankiersfamilie offen angezweifelt, dass Hitler die Vertreibung der Juden wahrhaftig durchsetzen würde, da er ihrer Meinung nach damit nur sich selbst hätte schaden können.[114]

Er und Elisabeth hätten aber gewusst, was auf die Juden zukommen würde. »Wir hatten die Fressen [Gesichter] von 1923 nicht vergessen und ihre Identität mit denen von 1933 bald begriffen.«[115], so Egk in der Autobiografie.

Fünf Tage später teilte Egk seiner Frau die Adresse des Bankiersfamilie mit und schrieb dazu:

> Die Frau ist Jüdin, deshalb ist meine Adresse hier unbekannt. Teile sie niemand mit […]. Sehr nette Leute, kennen alle Künstler, von Hubermann[116] [sic] aufwärts, […] Grosser Stil. Bin zur Zcit auf feineren Benimm dressiert.[117]

Egk war vorsichtig und verschwieg die Adresse: Er wollte nicht mit der Familie in Verbindung gebracht werden. In seiner Autobiografie heißt es, dass der Regisseur Oskar Wälterlin eine schöne, junge Freundin gehabt habe, die Jüdin gewesen sei. Wälterlin habe ihn hin und wieder zum Mittagessen zu ihrer jüdischen Großfamilie mitgenommen. Egk beschreibt das Milieu und zitiert

---

113 Brief von Werner Egk an Elisabeth Egk vom 7. Mai 1935, StA-Don/WE-K-2-9.

114 Egk, *Die Zeit wartet nicht*, S. 226f.

115 Ebd., S. 226.

116 Wahrscheinlich handelt es sich um Bronislaw Huberman (1898–1973), einen der bedeutendsten Geiger des 20. Jahrhunderts; vgl. Piotr Szalsza und Monika Kornberger, »Huberman, Bronisław«, in: *Oesterreichisches Musiklexikon online*, hrsg. von Barbara Boisits, https://dx.doi.org/10.1553/0x0001d23e [abgerufen am 21.3.2024].

117 Brief von Werner Egk an Elisabeth Egk vom 12.5.1935, StA-Don/WE-K-2-9.

Wälterlin, der gesagt habe, dass diese Juden wüssten, was geschehen sei und was auf sie zukommen würde, und dass sie – wie auch er [Wälterlin] selbst – ihren Exodus geplant hätten. Auch erwähnt Egk häufige Gespräche mit Wetzelsberger darüber, warum die Juden nicht wüssten, was geschehen sei und was ihnen bevorstünde.[118] Egk hat sich wohl mit der Thematik ausführlich beschäftigt.

Es ist festzuhalten, dass Egk, der dem Anschein nach das Ganze überblickte, sich dennoch im System einbrachte. Er verwendete in seinen Briefen vom 7. und 10. Mai aus Frankfurt mehrfach (leicht variiert) die Formel »Heil. Keine Reue« (siehe ausführlich unter 4.3.1). Musste er sich Mut zusprechen in dieser Situation, in der er mit Juden verkehrte und gleichzeitig die antisemitische Figur des Guldensack auf die Opernbühne brachte? Musste er sich zureden, um das nicht zu bereuen? Oder hatte die Formel etwas mit Egks Kontakt zu dem über seine Homosexualität angreifbaren Oskar Wälterlin zu tun? Diese Fragen können bislang nicht beantwortet werden.

Im Oktober 1946 nahm Egk zu der jüdischen Bankiersgattin von damals, die offensichtlich emigriert war, und deren Adresse die Egks angeblich zufällig erfahren hatten, Kontakt auf.[119] Unter Umständen erschien ihm die freundschaftliche Verbindung zu einer Jüdin als günstig, vor allem im Hinblick auf sein laufendes Entnazifizierungsverfahren.[120]

Es scheint, als hätten Werner Egk Leute mit viel Geld, Macht und Überlegenheit imponiert. Das tritt auch zutage, als er über den Berliner Architekten Alfred Gellhorn, in dessen Haus in Berlin er (Egks Briefen nach zu urteilen) von Mitte 1928 bis Mitte 1930 verkehrte, an Elisabeth schrieb:

---

118 Vgl. Egk, *Die Zeit wartet nicht*, S. 227.

119 Vgl. Brief von Werner Egk an (?) Andrae vom 20. Oktober 1946, BSB/Ana 410, Egk schreibt: »Wir hoffen sehr, [...] dass Sie in Ihrer neuen Heimat alles wiedergefunden haben, was Sie hier zurücklassen mussten.«; es existieren die Durchschläge von drei Briefen Egks an Andrae, die Antwortschreiben sind nicht vorhanden. Der erste Brief datiert vom 20. Oktober 1946, der zweite vom 27. Oktober 1947, der letzte vom 11. Juli 1948.

120 Vgl. Custodis und Geiger, *Netzwerke der Entnazifizierung*, S. 96, Zitat: »Zugleich ist aber auch offensichtlich, wie erleichtert er [Egk] war, mit Hilde Strobel als bereitwilliger Zeugin eine verfolgte Jüdin zu seinen Gunsten aufbieten zu können.« Hilde Strobel war jedoch allem Anschein nach nicht bereit, in gewünschter Weise für Egk einzustehen, vgl. ebd., S. 96ff.; Möglicherweise suchte Egk in Andrae nach einer anderen jüdischen Bürgin.

> Die Gellnhorns [sic] sind endlich die wahren Jakobe. […] von denen jeder […] ein fest umrissener Kerl sein muss. Auf Bürschchen wie Klaus Mann etc. spuckt er [Gellhorn] in grossem Bogen. Übrigens hat Gellnhorn die erste Berliner Vereinigung für Zeitgenössische Musik gegründet. Über Weissmanns unsichere Tiraden lächelt er etwas überlegen. Er bestätigt voll Deinen Eindruck dass der froh ist, wenn ihm einer was flüstert.[121]

Gellhorn war jüdischer Abstammung, tauchte 1933 unter und floh anschließend ins Ausland.[122] Er beriet Egk in Bezug auf den Anschluss zu Künstler-Gruppierungen und Egk hatte in Gellhorns Haus die Möglichkeit, interessante Kontakte zu knüpfen, die ihn beruflich weiterbringen konnten. So traf er beispielsweise »bei Gellhorn einen großen Architekten, innigen Spezl von Flesch, der nächste Woche einen intimen Abend a trois oder quatre mit mir und Flesch arrangiert. (Der Arsch ist hier ein grosses Tier und stammt aus Frankfurt.)«[123] Hans Flesch war Rundfunkpionier, von dem Egk sich Aufträge erhoffte.

Es wirkt so, als hätte es für Egk akzeptable und inakzeptable Juden gegeben, je nachdem, ob sie ihm nützen konnten oder aber potenzielle Konkurrenten waren. Ebenso wäre vorstellbar, dass er an Einblicken in jüdisches Leben interessiert war, die er zu seinen Gunsten nutzen konnte.

2.2 Weltoffenheit

Egks »Weltbürgertum«[124] war in den 1920er-Jahren noch nicht weit gediehen. Neben antisemitischen Aussagen versagte er sich auch in seiner Kritik an dem amerikanischen Film *The Singing Fool* nichts, den er als »übermäßig rührend« und »erzürnend«[125] beschrieb:

---

121 Brief von Werner Egk an Elisabeth Egk vom 15. Januar 1929, StA-Don/WE-K-2-5.

122 Annette Bußmann, *Zu Adaption und Demontage von Architekturgeschichte im »Neuen Bauen« der Weimarer Republik: Alfred Gellhorn (1885–1972). Bauten, Projekte, Schriften 1920 bis 1933*, Diss. Philipps-Universität Marburg, Bd. 1, Marburg 2004, S. 1.

123 Brief von Werner Egk an Elisabeth Egk vom 22. Mai 1930, StA-Don/WE-K-2-6.

124 Vgl. Franzpeter Messmer, »Werner Egk: Weltbürger auf dem Weg zur Weltmusik?«, in: Kurz und Seuffert, *Der unbekannte Werner Egk*, S. 20–28, hier S. 20.

125 Brief von Werner Egk an Elisabeth Egk vom 6. Juni 1929, StA-Don/WE-K-2-5.

> Man riecht das sentimentale amerikanische Schweinsherz, man beschmutzt sich mit dieser Unkunst, die die ganze Welt zu Tränen rührt. Nächsten Tag war mir noch ganz übel.[126]

schrieb er an Elisabeth. Die Ausdrucksweise nimmt den Jargon vorweg, der bald in der Kulturpolitik des Nationalsozialismus vorherrschend werden sollte. So äußerte der spätere Präsident der Reichsmusikkammer Peter Raabe 1934 bei seiner Rede vor der Tonkünstler-Versammlung des *Allgemeinen Deutschen Musikvereins*:

> Wenn die Musik im Dritten Reich allmählich [...] an das Volk herankommen und ihm Freude bringen soll, die es zur Arbeit und zum Lebenskampfe stählt, so muß vorher mit eisernem Besen ausgekehrt werden, was diesem Volke den Sinn mit Unkunst vernebelt.[127]

Zu Bert Brecht und Kurt Weill – Egk bringt sich in seiner Autobiografie häufiger mit ihnen in Verbindung[128] – hatte er seinen Briefen nach zu urteilen ein distanziertes Verhältnis.[129] »Solche Leute können einen manchmal wo unterbringen, wo sie selber nicht oder nicht mehr hinwollen«[130], erklärte er Elisabeth. Ein paar Tage später war er bei einer Gesellschaft in einer »Komfortwohnung Kurfürstendammgegend«[131]. Klaus und Erika Mann sowie Carl Sternheim sind ebenfalls in der Runde, in der »eine wesentlich angenehmere Atmosphäre ist als bei den schweinischen Brechtleuten aber im Grunde doch ausgelaugt, dekadent und impotent«[132]. Kurz darauf schrieb Egk abfällig über »diese Klaus Manns und Sternheims«[133]. Ein Treffen mit Weill kam mehrmals nicht zustande. Egk schrieb: »Ab jetzt bin ich zäh wie eine Ratte. [...] Morgen 5 h bin ich bei Weill, der ganz menschlich zu sein scheint. Wenn es kein

126 Ebd.

127 Prieberg, *Handbuch deutsche Musiker*, S. 5368.

128 Vgl. Egk, *Die Zeit wartet nicht.*

129 Vgl. Custodis und Geiger, *Netzwerke der Entnazifizierung*, S. 18f.; Die Autoren belegen anhand einer näheren Betrachtung des Oratoriums *Furchtlosigkeit und Wohlwollen*, dass Egks Botschaft in scharfem Gegensatz zu Brechts Intention steht.

130 Brief von Werner Egk an Elisabeth Egk vom 3. Oktober 1928, StA-Don/WE-K-2-4.

131 Brief von Werner Egk an Elisabeth Egk vom 12. Oktober 1928, ebd.

132 Ebd.

133 Brief von Werner Egk an Elisabeth Egk vom 27. Oktober 1928, ebd.

Schwein ist hilft er mir weiter.«[134] Im Telegrammstil erfährt Elisabeth von seinem Treffen: »Samstag Weill. Netter Kerl. Ganz ordentlich und bescheiden. Behauptet dafür zu sorgen dass ich den Radiomusikus anbringe.«[135] Aus den darauffolgenden Briefen im Nachlass geht hervor, dass Weill Egk tatsächlich behilflich war.

2.3 Verhaltensweisen

Manche Briefstelle lässt vermuten, dass Egk daran gelegen war, brisante Informationen über Personen aufzudecken. Zum Beispiel schrieb er: »Lothar[136] lädt mich auch immer wieder ein. Ich habe aber herausgebracht, dass er mit seiner Frau gar nicht offiziell verheiratet ist.«[137] Oder: »Mit Lifar sensationelle Neuigkeiten: Er ist intim befreundet mit Bormann (per du) und Breeker [sic]«[138]. Der berühmte Ballettmeister Serge Lifar war maßgeblich am Erfolg des Balletts *Joan von Zarissa* in Paris beteiligt.[139] Der darüber hinaus erwähnte Martin Bormann, um den es hier gehen wird, stand als Leiter der Parteikanzlei Hitler sehr nahe.[140] Arno Breker war Staatsbildhauer, Hitler hielt ihn für den größten zeitgenössischen Bildhauer.[141]

Druck auszuüben war Egk nicht fremd, etwa wenn das Geld knapp war. »Mehr war vorläufig nicht zu erpressen. Werde ihn aber dauernd unter Druck halten.«[142], schrieb er an Elisabeth, und schickte ihr sein angeblich letztes Geld. Einen weiteren Hinweis gibt ein Brief von 1928 an Elisabeth, in dem es heißt: »Ich habe von Bölke eine schriftliche Empfehlung für den Kapellmeister-

---

134 Brief von Werner Egk an Elisabeth Egk vom 5. April 1929, StA-Don/WE-K-2-5.

135 Brief von Werner Egk an Elisabeth Egk vom 8. April 1929, ebd.

136 Mark Lothar war Komponist, vgl. Klee, *Das Kulturlexikon zum Dritten Reich*, S. 343f.

137 Brief von Werner Egk an Elisabeth Egk vom 26. Februar 1929, StA-Don/WE-K-2-5.

138 Brief von Werner Egk an Elisabeth Egk vom 20. Oktober 1942, StA-Don/WE-K-2-16.

139 Vgl. Jason P. Hobratschk, Werner Egk and *Joan Von Zarissa: Music as Politics and Propaganda under National Socialism,* Diss. Florida State University, 2011, verfügbar unter: http://purl.flvc.org/fsu/fd/FSU_migr_etd-4912, S. 268f. [abgerufen am 21.3.2024].

140 Vgl. Ernst Klee, *Das Personenlexikon zum Dritten Reich. Wer war was vor und nach 1945*, Frankfurt am Main [5]2021, S. 65.

141 Vgl. Klee, *Das Kulturlexikon zum Dritten Reich*, S. 69f.

142 Brief von Werner Egk an Elisabeth Egk vom 4. Mai 1935, StA-Don/WE-K-2-9.

Grossverband erpresst.«[143] Egk wies auch Elisabeth an, Druck auszuüben, um eine Empfehlung zu erhalten:

> Von höchster Bedeutung Empfehlung an den bayrischen Volksparteiminister der Reichspost. Überhaupt alle von dem Reichspostministerium. Achtung: Geh sofort zu Rauh. […] entquetsche ihm schriftliche Empfehlung an alle Leute des Reichspostministeriums […] oder auch die von R. Rundfunkgesellschaft [Reichs-Rundfunk-Gesellschaft].[144]

Elisabeth wird von Egk auch dafür eingesetzt, unwahre Informationen weiterzugeben, so z. B. an Carl Orff: »Vorsicht bei Orff! Offiziell finde ich hier alles schön! Natürlich!«[145] schreibt Egk, als ihm eine Inszenierung nicht gefällt, Orff dies aber nicht erfahren soll. In einem anderen Fall soll Elisabeth eine Kammermusik-Komposition älter aussehen lassen, als sie in Wahrheit ist.[146] Von daher ist fraglich, ob der letzte Satz eines Briefes kurz vor der Reichstagswahl 1928 »Ich wähle S. P.D!«[147] tatsächlich so gemeint war, oder als Aufforderung an Elisabeth zu verstehen ist, diese Information zu verbreiten. Dafür, dass Egk im Hintergrund agierte, liefern einige Briefstellen Hinweise: Zum Beispiel war er 1929 verärgert, dass sein Werk *Ein Cello singt in Daventry*, welches er für den Berliner Rundfunk komponiert hatte, vom Chefdirigenten des Berliner Funk-Orchesters Bruno Seidler-Winkler (»ein Lahmarsch«[148]) dirigiert wurde, und er selbst nicht am Dirigentenpult stehen durfte. Davon berichtete er Elisabeth mehrfach und setzte nach: »Habe Kampf um Selbstdirigieren nochmals durch Kritiker hintenrum angefacht.«[149] Er ließ Seidler-Winkler also kritisieren in der Hoffnung, dessen Platz einnehmen zu können. An anderer Stelle heißt es: »Mit Nazis hat das Theater schon Fühlung genommen, das wird nach einem von mir im Hintergrund ausgedachten Plan arrangiert!«[150] Es scheint, als hät-

---

143 Brief von Werner Egk an Elisabeth Egk vom 12. Oktober 1928, StA-Don/WE-K-2-4; der Name Bölke war nicht zu ermitteln.

144 Brief von Werner Egk an Elisabeth Egk vom 14. Juni 1930, StA-Don/WE-K-2-6.

145 Brief von Werner Egk an Elisabeth Egk vom 27. Januar 1940, StA-Don/WE-K-2-14.

146 Brief von Werner Egk an Elisabeth Egk vom 25. März 1929, StA-Don/WE-K-2-5; es sollte wie »alter Schnee« aussehen.

147 Brief von Werner Egk an Elisabeth Egk vom 18. Mai 1928, StA-Don/WE-K-2-4.

148 Brief von Werner Egk an Elisabeth Egk vom 16. August 1929, StA-Don/WE-K-2-5.

149 Brief von Werner Egk an Elisabeth Egk vom 13. August 1929, ebd.

150 Brief von Werner Egk an Elisabeth Egk vom 7. Mai 1935, StA-Don/WE-K-2-9.

te Werner Egk zur Erreichung seiner Ziele mehrere fragwürdige Strategien zu nutzen verstanden. Es ist denkbar, dass er hierfür intimes Wissen herangezogen hat.

Kurz nachdem Egk am 11. Juli 1941 als neuer Leiter der Fachschaft Komponisten eingesetzt worden war, würdigte er seinen Komponisten-Kollegen Heinrich Kaminski dem Verleger Ludwig Strecker gegenüber herab.[151] Egk sah in dem Komponisten und ehemaligen Lehrer seines eigenen Lehrers Orff[152] wohl einen Konkurrenten, den er aus dem Geschäft drängen wollte. Egk riet Strecker in einem Brief vom August 1941 von Kaminski respektive der Herausgabe von Kaminskis Werken ab, indem er Zweifel daran äußert, dass dessen Kompositionen auf öffentlich bezuschussten Veranstaltungen gespielt werden dürfen. Egk postuliert, dass Kaminski – selbst wenn er vom Staat eine Unbedenklichkeitserklärung hätte – weiter von der Partei bekämpft werden würde,

> vorausgesetzt, dass sein Abstammungsnachweis nicht 100%ig [sic] in Ordnung ist. Ich werde mich morgen, wenn ich in Berlin bin, nochmals um den Fall kümmern und Ihnen dann nochmals darüber schreiben. Künstlerisch glaube ich, dass er [sic] nicht mehr allzuviel von ihm erwartet werden kann.[153]

Kaminski war die Jahre zuvor in Bedrängnis geraten, da ihm fälschlicherweise nichtarische Abstammung nachgesagt worden war. Das wurde erst 1941 widerrufen, wodurch Kaminski sich in einer materiell prekären Lage befunden hatte.[154] Als Leiter der Fachschaft könnte Egk darüber Bescheid gewusst haben. Kurze Zeit später, Anfang September 1941, setzte Egk am Ende eines Briefes an

---

151 Vgl. Friedrich Geiger, »Werner Egk als Leiter der Fachschaft Komponisten in der Reichsmusikkammer«, in: *Die Reichsmusikkammer. Kunst im Bann der Nazi-Diktatur*, hrsg. von Albrecht Riethmüller und Michael Custodis, Köln [u. a.] 2015, S. 87–100, hier S. 99.

152 Werner Abegg, »Kaminski, Heinrich«, in: MGG (*Die Musik in Geschichte und Gegenwart. Allgemeine Enzyklopädie der Musik*), 2., neu bearbeitete Ausgabe, hrsg. von Ludwig Finscher, Personenteil, Bd. 9, Kassel u. a. ²1999, Sp. 1426–1430, hier Sp. 1427.

153 Brief von Egk an Ludwig Strecker vom 18. August 1941, BSB/Ana 800.B.I.Egk, Werner, Mappe 8200.

154 Abegg, »Kaminski, Heinrich«, Sp. 1427.

Ludwig Strecker erneut nach: »P. S. Kaminski ist nur bei Parteiveranstaltungen unerwünscht, sonst ist alles in Ordnung. Ob er aber trotzdem viel gespielt werden wird bezweifle ich leise.«[155]

2.4 Lektüre und Schriften Egks

2.4.1 Lektüre

Egk las zeitlebens viel und war literarisch interessiert. Aus Egks Autobiografie geht hervor, dass das Ehepaar Egk Hitlers *Mein Kampf* im Sommer 1933 erworben und gelesen hat. Sie hätten die Gegenwart scharf sehen wollen und wären der Meinung gewesen: »Das hat einer geschrieben, der sich des Menschenmordes freut.«[156]

Sowohl aus einem Brief vom Oktober 1935[157] als auch aus einem von Egk für die Zeitschrift *Völkische Kultur* verfassten Artikel aus dem Jahr 1934[158] wird ersichtlich, dass Egk *Das Schwarze Korps* (Untertitel: *Zeitung der Schutzstaffeln der NSDAP, Organ der Reichsführung der SS*) las. Die Themenschwerpunkte der Zeitung lagen in der Verherrlichung der SS und bei nationalsozialistischen Feindbildern, allen voran Juden, Kirche, Bolschewisten, »Schädlingen« der »Volksgesundheit« (Kriminelle, Geisteskranke, Nichtarier, Homosexuelle).[159] Es ist vorstellbar, dass Egk Gedankengut und Vokabular aus dieser Zeitung und anderen Schriften von NS-Ideologen entnommen hat bzw. davon inspiriert wurde.

---

155 Brief von Werner Egk an Ludwig Strecker vom 2. September 1941, BSB/Ana 800.B.I.Egk, Werner, Mappe 8201.

156 Egk, *Die Zeit wartet nicht*, S. 206.

157 Vgl. Brief von Werner Egk an Elisabeth Egk vom 20. Oktober 1935, StA-Don/WE-K-2-9.

158 Vgl. Werner Egk, »Pflicht zur Auslese«, in: *Völkische Kultur. Monatsschrift für die gesamte geistige Bewegung des neuen Deutschlands*, 4/I (1934), S. 31–33, hier S. 32.

159 Vgl. Zeck, *Das Schwarze Korps*, S. 304ff.

2.4.2 *Schriften*

Laut dem Protokoll aus dem Spruchkammerverfahren vom 17. Oktober 1947 erklärte Egk zu seiner Tätigkeit als Publizist:

> [...] nachdem es [dem Regime] gelungen war, alle modernen Komponisten Casella, Hindemith, Strawinsky usw. zu Gunsten der Nazi-Idole Wagner und Pfitzner [...] zu verdrängen, blieb mir im 3. Reich als Vertreter und Verfechter der modernen Musik nur die Möglichkeit meine Ansichten getarnt durchzusetzen. [...] Gerade um meinen Veröffentlichungen den genügenden Nachdruck zu geben, schrieb ich in der Zeitschrift »Völkische Kultur«. Natürlich war es unmöglich, meine Ansichten offen vorzutragen. Möglicherweise waren für einen Laien meine wahren Ansichten durch die Tarnung nicht immer erkennbar. [...][160]

Werner Egk hatte ab 1933 das ständige Musikreferat der Zeitschrift *Völkischen Kultur* inne, der *Monatsschrift für die gesamte geistige Bewegung des neuen Deutschlands*, die u.a. von Wolfgang Nufer[161] herausgegeben wurde.[162] Seine Aussage bei der Verhandlung sollte allen Rückschlüssen über seine nazistische Gesinnung, die aus seinen Artikeln gezogen werden hätten können, die Grundlage nehmen.

Mit der Machtübernahme im Januar 1933 begannen die Nationalsozialisten, die Musik mit ihrer die Emotionen ansprechenden Wirkung affirmativ zu instrumentalisieren, und alles auszugrenzen, was den ideologischen Zielen entgegenstand.[163] Schon ab März 1933 dominierten – nicht ausformuliert

---

160 Protokoll der Spruchkammer-Sitzung vom 17. Oktober 1947, StAM/Karton 339, S. 2.

161 Über Wolfgang Nufer, Dramaturg und SS-Obersturmführer, Mitbegründer und Hauptschriftführer der Zeitschrift *Völkische Kultur* ist unter Punkt 3.2.2 mehr zu lesen.

162 Brief von Ludwig Strecker an Werner Egk vom 9. September 1933, BSB/Ana 800.B.I, Egk, Werner, Mappe 7856; Wortlaut: »Zu der Übertragung des ständigen Musikreferates bei der ›Völkischen Kultur‹ meinen besonderen Glückwunsch. Es ist hocherfreulich, auf diese Weise Inseln entstehen zu sehen, die hoffentlich bald zum Festland werden. Leider ist dies noch bei recht wenigen Zeitschriften der Fall.«.

163 Vgl. Friedrich Geiger, »Affirmation und Ausgrenzung. Zur Bedeutung von Musik für das NS-Regime«, in: *Kunst im NS-Staat. Ideologie, Ästhetik, Protagonisten*, hrsg. von Wolfgang Benz, Peter Eckel und Andreas Nachama, Berlin 2015, S. 349–367, hier S. 351.

und auch teilweise mit gegenläufigen Tendenzen – einige wenige ideologische Akzentuierungen zunehmend die NS-Musikpolitik, und damit den Anspruch an Musik:

Musik hatte der Entwicklung vom Individualismus und Subjektivismus hin zur (Volks-)Gemeinschaft – z.B. bei Massenveranstaltungen oder in Organisationen wie der Hitlerjugend (HJ) – als Zeichen nationaler (deutscher) Überlegenheit und Macht (nicht nur im musikalischen Bereich), der Stärkung des Heroismus (»stählerne Romantik«[164]), der Gestaltung und Emotionalisierung von NS-Veranstaltungen sowie der Entwicklung eines »gesunden«, anti-intellektuellen Volkssinns (durch eingängige volksmusiknahe Kompositionen) zu dienen. Nihilismus, Ironie und Satire missfielen den Kulturpolitikern.[165]

Determinierend war (auch) in der NS-Musikpolitik bereits vor den Nürnberger Gesetzen 1935 der Rassismus, der sich in rigorosem Antisemitismus äußerte, sich aber ebenso gegen sämtliche »Nichtarier« richtete, und keiner primär musikästhetischen Begründung bedurfte. Zwölftonmusik (atonale Musik, wegen ihrem Vorreiter Arnold Schönberg als »jüdisch« deklariert[166]) und Jazz galten als »entartet« und wurden verboten.[167]

---

164 Vgl. Auszug aus der Rede von Joseph Goebbles bei der Eröffnung der Reichskulturkammer am 15. November 1933: »An die Stelle einer zermürbenden Schlaffheit, die vor dem Ernst des Lebens kapitulierte, ihn nicht wahrhaben wollte oder vor ihm flüchtete, trat jene heroische Lebensauffassung, die heute durch den Marschtritt brauner Kolonnen klingt, die den Bauern begleitet, wenn er die Pflugschar durch die Ackerschollen zieht, die dem Arbeiter Sinn und höheren Zweck seines Daseinskampfes zurückgegeben hat, die den Arbeitslosen nicht verzweifeln läßt und die das grandiose Werk des deutschen Wiederaufbaues mit einem fast soldatisch anmutenden Rhythmus erfüllt. Es ist eine Art von stählerner Romantik, die das deutsche Leben wieder lebenswert gemacht hat, eine Romantik, die sich nicht vor der Härte des Daseins versteckt oder ihr in blauen Fernen zu entrinnen trachtet, eine Romantik, die den Mut hat, den Problemen gegenüberzutreten und ihnen fest und ohne Zucken in die mitleidslosen Augen zu schauen.«, zit. nach: Fred K. Prieberg, Musik im NS-Staat, Frankfurt am Main 1982, S. 113.

165 Vgl. Geiger, »Affirmation und Ausgrenzung«, S. 354ff.

166 Vgl. Christian Martin Schmidt, »Schönberg, Schoenberg, Arnold (Franz Walter)«, in: MGG (*Die Musik in Geschichte und Gegenwart. Allgemeine Enzyklopädie der Musik*), 2., neu bearbeitete Ausgabe, hrsg. von Ludwig Finscher, Personenteil, Bd. 14, Kassel u.a. ²1999, Sp. 1580–1646, hier Sp. 1593f.

167 Vgl. Geiger, »Affirmation und Ausgrenzung«, S. 354.

Eine Übersicht soll einen Eindruck von dem vermitteln, was Egk in der *Völkischen Kultur* veröffentlichte: In »Musik gestern und heute«[168] (1933) legt Egk »in einer Zeit, in der starke und wesentliche Kräfte freigeworden sind«, in einer Zeit, die mit den »Tendenzen des Subjektivismus und Individualismus gebrochen« habe, »Rechenschaft« ab über den Stand der musikalischen Entwicklung.[169] »Lebendiges« sei vom »Abgelebten zu sondern«. Atonalität bezeichnet er als »bis ins Krankhafte gesteigerten Solipsismus«[170], ein »gesunder und kühner Geist«[171] könne aber auch daraus noch Nutzen ziehen. Eine Gruppe von Komponisten versuche »mit merkantiler Fixigkeit«[172] die Massen zu erfassen, verheirate »mit einem verblüffenden geschäftlichen Instinkt und einer entwaffnenden Kaltblütigkeit den virtuos-amerikanischen Jazzstil mit der jiddischen Folklore«[173] und versetze dies mit einer eigenen sentimentalen Ironie.[174] »Wir brauchen den Fanatismus der unbedingten Leistung und den Glauben an das Erhabene!«[175], so Egk. Der wichtigste Vorgang sei »die Besinnung auf die innere Kraft und formbildende Wesenhaftigkeit der Volksmusik.«[176]

In seinem Aufsatz »Hörspielmusik«[177] (1933) stellt er die Musik – die in ihrer Aussage eindeutig und in ihrem Stil geradlinig sein müsse – als selbstständigen Beitrag zum »weltanschaulich gebundenen, ethisch bestimmten, gemeinschafts- und staatsbildenden Hörspiel«[178] dar. Aufgabe eines Hörspielkomponisten sei es, diese Art der Beeinflussung »durch ein Vordringen bis zu den unmittelbarsten Seelenkräften des Volkes zu steigern.«[179] Im Folgenden geht er auf die Mittel ein, mit denen eine Idee durch Musik zu letzter Eindringlichkeit

[168] Werner Egk, »Musik gestern und heute«, in: *Völkische Kultur, Monatsschrift für die gesamte geistige Bewegung des neuen Deutschlands*, 1/X (1933), S. 208–211; Artikel weitgehend wiedergegeben in: Braunmüller, »Aktiv im kulturellen Wiederaufbau«, S. 62f.

[169] Egk, »Musik gestern und heute«, S. 208.

[170] Ebd., S. 209 (Solipsismus: etwa: Ich-Bezogenheit, Egoismus).

[171] Ebd., S. 210.

[172] Ebd.

[173] Ebd.

[174] Ebd.

[175] Ebd.

[176] Ebd., S. 211; vgl. Braunmüller, »Aktiv im kulturellen Wiederaufbau«, S. 53.

[177] Werner Egk, »Hörspielmusik«, in: *Völkische Kultur, Monatsschrift für die gesamte geistige Bewegung des neuen Deutschlands*, 1/XI (1933), S. 277f.; Artikel wiedergegeben in: Braunmüller, »Aktiv im kulturellen Wiederaufbau«, S. 63.

[178] Egk, »Hörspielmusik«, S. 277.

[179] Ebd.

gesteigert werden könne (Dynamik, Agogik, Verteilung Text-Musik, Zusammenarbeit von Dichter und Komponisten von Beginn des Auftrags an). Als Beispiel nennt er u. a. das Hörspiel ›SA.-Kamerad Tonne‹ von P. Hagen, Musik von H. Sattler«.[180]

In »Volksschauspiel und Musik«[181] (1933), einem Artikel, den er im Anschluss an die Aufführung des Mysterienspiels *Job der Deutsche* verfasste, resümiert Egk begeistert die Massenveranstaltung des Reichsministeriums für Volksaufklärung und Propaganda in der Kölner Messehalle, welches »Einsicht in die Grundgesetze des heroisch-monumentalen Theaters«[182] ermöglicht habe. Egk hebt die ausschlaggebende und wesentliche Rolle der Musik hervor sowie die Möglichkeit, den Musiker und sein Schaffen erneut in die »Große Gemeinschaft des Volkes einzugliedern«, sodass ihm »ein aktiver Anteil am kulturellen Wiederaufbau zufalle«.[183]

1936 schrieb er den Artikel »Pflicht zur Auslese«.[184] Darin kritisiert er die Veranstalter des wichtigsten Musikfestes des Jahres vom *Allgemeinen Deutschen Musikverein* für eine völlig unpassende Musikwahl, sei es doch deren Berufung, »das gegenwärtige Leben der Nation auf dem Gebiet der Musik zu spiegeln und zu befruchten.« Dass die Mitglieder des Werkprüfungsausschusses sich nach diesem »vernichtenden Fehlschlag« keiner Schuld bewusst zeigten, sei auf »die noch reichlich parlamentarischen Sitten« zurückzuführen, die sich erhalten hätten. Egk fordert dazu auf, dass in Zukunft jeder, der ein Werk vorschlage, »in aller Öffentlichkeit auch persönlich dafür einzustehen hätte.«[185] Er deutet auf »die engen Beziehungen zwischen Kunst und Politik« hin, und verurteilt die Freiheit der Kunst und ihren absoluten Wert. Lobend hebt Egk einen Artikel vom 11. November 1935 aus der SS-Zeitschrift *Das Schwarze Korps* hervor,[186] und schreibt weiter, dass – nach Absonderung ungeeig-

---

180 Ebd., S. 278.

181 Werner Egk, »Volksschauspiel und Musik«, in: *Völkische Kultur. Monatsschrift für die gesamte geistige Bewegung des neuen Deutschlands*, 1/XII (1933), S. 317–319; Artikel weitgehend wiedergegeben in: Braunmüller, »Aktiv im kulturellen Wiederaufbau«, S. 64.

182 Ebd., S. 318.

183 Ebd., S. 319.

184 Werner Egk, »Pflicht zur Auslese«, in: *Völkische Kultur. Monatsschrift für die gesamte geistige Bewegung des neuen Deutschlands*, 4/I (1936), S. 31–33.

185 Ebd., S. 31.

186 Ebd., S. 32.

neter Kompositionen – die Werke mit neuer Haltung und Sprache weit von dem Pathos des »Gehirnmenschentums« entfernt seien. Vielmehr entsprängen sie dem »ursprünglich-naiven Sinn bei jeder Art von echter Volksmusik«, die durch die Kraft »einer schöpferischen Persönlichkeit« gültigen Ausdruck gewinne.[187]

In einer Buchrezension zu »Musik und Rasse« von Richard Eichenauer vom April 1935 gibt Egk die eigene Ansicht wieder:

> Die Anwendung des rassischen Prinzips schließt jene, dem Zwischenbereich eigentümliche Beurteilung nach »Richtungen«, seien es »moderne« oder »reaktionäre«, vollkommen aus, sie verhindert, daß minderwertige oder sogar fremdrassische Werke hochgelobt werden, nur weil sie durch »nationale« Stoffwahl künstlich getarnt sind, sie macht es ferner unmöglich, daß zukunftsweisende Musik abgelehnt wird, weil ahnungslose Spezialisten auf die Kenntnis der rassischen Merkmale überhaupt keinen Wert legen.[188]

Schon im März 1935 schrieb Egk in einer Rezension der Pfitzner-Biografie, dass Abendroth Pfitzners – durchaus antisemitischen und NS-nahen – Überlegungen zu einer Unterscheidung zwischen deutschnationalen Juden und dem Judentum zu viel Bedeutung beigemessen hätte.[189] Er resümiert: » Entweder man erkennt den rassischen Standpunkt an oder nicht.«[190] Das klingt ähnlich Hitlers »Mit dem Juden gibt es kein Paktieren, sondern nur das harte Entweder-Oder«.[191]

Die ausgewählten Ausschnitte[192] zeigen, dass Egk sich bereits 1933 mit den entscheidenden Aspekten der NS-Ideologie soweit auseinandergesetzt und identifiziert hatte, dass es ihm keinerlei Mühe bereitete, sie auf die jeweilige

---

187 Ebd., S. 33.

188 Werner Egk, »Musik und Rasse«, in: *Völkische Kultur, Monatsschrift für die gesamte geistige Bewegung des neuen Deutschlands*, 3/IV (1935), S. 284 f; Artikel weitgehend wiedergegeben in: Braunmüller, »Aktiv im kulturellen Wiederaufbau«, S. 67.

189 Vgl. Werner Egk, »Bücherschau«, in: *Völkische Kultur, Monatsschrift für die gesamte geistige Bewegung des neuen Deutschlands*, 3/III (1935), S. 140; zitiert nach: Prieberg, *Handbuch deutsche Musiker*, S. 52f.

190 Ebd.; zitiert nach: ebd., S. 53.

191 Adolf Hitler, *Mein Kampf*, München [173]1936, S. 225.

192 Zitate finden sich z. B. auch in: Prieberg, *Handbuch deutsche Musiker*, S. 1301ff.

Situation anzuwenden und zu verbalisieren. Sein schon in den späten 1920er-Jahren vorhandener Rassismus ist entpersonalisiert und rhetorisch kulturpolitiktauglich verbrämt. Egk polemisierte gegen Kollegen und präsentierte sich als idealen Musikschaffenden und Entscheidungsträger.[193] Mit der zu Beginn dieses Abschnittes zitierten Aussage in der Spruchkammer führte Egk folglich das Gericht unverfroren und zynisch vor.

193 Vgl. Oliver Rathkolb, *Carl Orff und der Nationalsozialismus*, Mainz 2021 (Publikationen des Orff-Zentrums München, Bd. II/2), S. 28.

3 Wichtige Kontakte Egks

Hier geht es um Kontakte zu Personen, die für Egks Werdegang in der NS-Zeit eine Rolle spielten oder gespielt haben könnten.[194] In seiner Autobiografie finden einige wichtige Kontaktpersonen keine Erwähnung. Zu nennen sind Heinz Drewes, Rainer Schlösser, Wolfgang Nufer und Moritz von Faber du Faur. Hans Hinkel wird in *Die Zeit wartet nicht* einmal kurz erwähnt. Hitler und Goebbels kann Egk nicht ignorieren, hier demonstriert er Distanz. Einen Ausnahmefall stellt Heinz Tietjen dar, zu dem sich Egk in seinen Erinnerungen bekennt.[195]

Es wäre möglich, dass einige von Egks NS-Kontakten, darunter Moritz von Faber du Faur, Hans Hinkel und Wolfgang Nufer, aus der Zeit herrührten, in der er seinen Angaben nach in Augsburg (eventuell auch in München) nationalsozialistische Versammlungen besuchte.

Aus Gründen der Vollständigkeit sei an dieser Stelle erwähnt, dass in Egks Autobiografie auch die Namen von Kulturschaffenden vorkommen, über die er sich in seinen Briefen ab den späten 20er-Jahren despektierlich und/oder antisemitisch ergeht. Dazu zählen, wie teilweise schon benannt, Bert Brecht, Igor Strawinsky, Leo Blech, Alban Berg, Otto Klemperer, Jascha Horenstein, Paul Hindemith und Richard Strauss.

3.1 Militärs und NS-Politiker

Von Juni 1928 bis Januar 1940 belegen die Briefe einen engeren Kontakt der Egks mit dem Ehepaar Moritz (auch: Moriz) und Armgard von Faber du

---

194 Wie bereits erwähnt besteht die Möglichkeit, dass Briefe, die Kontakte nachgewiesen hätten, die für Egk nach Ende des Krieges belastend hätten sein können, durch Egk, seine Frau oder einen Anwalt entfernt worden sind; vgl. Egk, *Die Zeit wartet nicht*, S. 206.

195 Hannes Heer und Boris von Haken, »Der Überläufer Heinz Tietjen. Der Generalintendant der Preußischen Staatstheater im Dritten Reich«, in: *Zeitschrift für Geschichtswissenschaft*, 28/1 (2010), S. 28–53.

Faur.[196] Meist war es letztere, die Egk in Berlin traf, ihr Mann war nur gelegentlich dabei, so etwa bei einem gemeinsamen Kabarettabend im März 1929 (»Leider haben wir gerade ein kommunistisches [Kabarett] erwischt; Man musste endlose gereimte Schimpfereien auf das alte Heer und so weiter anhören, was [...] uns allen missfiel.«[197]). Moritz von Faber du Faur war zu dieser Zeit im Stab eines berittenen Regiments[198], 1935 avancierte er zum Militärattaché in Belgrad[199] und war ab 1939 Generalleutnant im Polen- und Westfeldzug[200]. Er verkehrte mit hochrangigen Militärs und Regierungsfunktionären, so z. B. mit Hindenburg, Ludendorff, Röhm, Göring und Hitler.[201] Auch zum italienischen Diktator Mussolini hatte Faber du Faur persönlichen Kontakt.[202] Unter Umständen hat Egk Faber du Faur bereits 1923 in München kennengelernt, denn dieser vergleicht eine Besprechung in der Reichskanzlei in Berlin, bei der Hitler anwesend war, in seiner Autobiografie *Macht und Ohnmacht* mit einer der nationalsozialistischen Versammlungen im Hofbräuhaus,[203] was nahelegt, dass er zu jener Zeit in München gewesen war. Wie vertraut der Umgang Egks mit Faber du Faur war zeigt eine Passage in einem (undatierten) Brief, in welcher der unter Geldnot leidende Egk Elisabeth aus Berlin berichtet, dass ihn Moritz von Faber du Faur im *Haus Vaterland*[204] »gefüttert« und »getränkt« habe (humorig im Kavallerie-Jargon)[205]. Es ist vorstellbar, dass Egk – der politisch nicht so naiv war, wie Elisabeth es Alfred Böswald später zu vermitteln

196 Der Nachname Faber du Faur geht aus Notizzetteln mit Adressen hervor. Auf einem der Zettel ist der Name Irmgard von Faber du Faur, der Zwillingsschwester Armgards, verzeichnet; vgl. undatiert, StA-Don/WE-K-4.

197 Ebd.

198 Vgl. Moriz von Faber du Faur, *Macht und Ohnmacht. Erinnerungen eines alten Offiziers*, S. 123ff.; er stand unter Generaloberst Karl von Einem, vgl. ebd., S. 124.

199 Vgl. ebd., S. 118.

200 Vgl. »Moritz von Faber du Faur«, in: *Bibliothek für Hugenottengeschichte*, www.bfhg.de/die-hugenotten/hugenotten-und-ihre-nachkommen/faber-du-faur-von/ [abgerufen am 21.3.2024].

201 Vgl. Faber du Faur, *Macht und Ohnmacht*, S. 188 und 195.

202 Vgl. ebd., S. 172.

203 Vgl. ebd., S. 195f., Faber du Faur schreibt: »Es ging noch immer zu wie bei einer nationalsozialistischen Versammlung im Hofbräuhaus. Von Protokoll keine Spur.«

204 Das Haus Vaterland war ein Vergnügungs-Palast mit Restaurants am Potsdamer Platz in Berlin, vgl. Linus Geschke, »Mutter der Erlebnisgastronomie. Berlins Haus Vaterland«, in: *Spiegel Geschichte*, 22.03.2013, www.spiegel.de/geschichte/erlebnisgastronomie-haus-vaterland-in-berlin-a-951068.html [abgerufen am 21.3.2024].

205 Vgl. Brief von Werner Egk an Elisabeth Egk, undatiert, StA-Don/WE-K-2-24-4.

suchte[206] – sich über diese Freundschaft interne Informationen, weiterführende Kontakte und eine gewisse Souveränität im Umgang mit politisch oder militärisch hochrangigen Personen aneignen konnte. Es kann sein, dass es Faber du Faur war, der Egk 1936 zu einer Führung durch die Reichskanzlei mitnahm. Er war – wie Egk auch – während der Olympischen Spiele in Berlin anwesend.[207] Egk schrieb in seiner Autobiografie: »Wenig später offerierte er [Hitler] einer Gruppe von Diplomaten eine Führung durch die Reichskanzlei. Ich mischte mich unter das vornehme Volk.«[208]

1940 befand sich Egk im März in Düsseldorf, um die Oper *Peer Gynt* zu dirigieren: »Habe hier im Stab Reichenau grosse Peer Anhänger. Herrschel ist auch einer davon, ein Hauptmann. Der ganze Stab ist perifiziert! Schön!«[209] Zu dieser »Perfizierung« trug ggf. bei, dass Faber du Faur Generaloberst Walter von Reichenau[210] kannte. Als Faber du Faur 1946 als Verantwortlicher eines Kriegsverbrechens in Frankreich inhaftiert wurde[211], schrieb Egk ihm eine entlastende Erklärung.[212]

Dass Egk in höchsten Kreisen verkehrte, beweist ein Foto aus dem Jahr 1939: Es zeigt ihn sehr entspannt auf einem Sommerfest im Münchner Wohnhaus von Rudolf Heß.[213] Bei diesem Lampionfest wurde laut Goebbels, der sich mit Hitler zur Eröffnung der *Großen Deutschen Kunstausstellung* in München aufhielt[214] und der auch für »ein Stündchen« vorbeikam, »viel gesungen«.[215]

206 Vgl. Böswald, »Erinnerungen an eine schwierige Zeit«, S. 9; Böswald zitiert Elisabeth Egk mit »Du [Werner Egk] warst doch immer naiv, politisch besonders!«

207 Vgl. Faber du Faur, *Macht und Ohnmacht*, S. 198.

208 Egk, *Die Zeit wartet nicht*, S. 259.

209 Brief von Werner Egk an Elisabeth Egk vom 30. März 1940, StA-Don/WE-K-2-14.

210 Vgl. Faber du Faur, *Macht und Ohnmacht*, z. B. S. 158 und 190.

211 Vgl. »Moritz von Faber du Faur«, Webseite.

212 Vgl. BSB/Ana 410, Brief von Werner Egk an Armgard von Faber du Faur vom 28. August 1946; beiliegend: Erklärung von Werner Egk für Moritz von Faber du Faur vom 28. August 1946 (in französischer Sprache).

213 Vgl. Custodis und Geiger, *Netzwerke der Entnazifizierung*, S. 27.

214 Vgl. Elke Fröhlich (Hrsg.), *Die Tagebücher von Joseph Goebbels*, I/7, München 1998, S. 44.

215 Vgl. ebd., S. 45.

3.2 NS-Kulturfunktionäre

3.2.1 *Hans Hinkel*

Der Musikwissenschaftler Friedrich Geiger hat Hans Hinkel nach dem Präsidenten des Reichspropagandaministeriums Goebbels als zentrale Gestalt des nationalsozialistischen Kulturbetriebs ausgemacht und die Stationen seiner NS-Karriere detailliert dargelegt.[216] Geiger resümiert, dass der fanatische Antisemit Hinkel, dessen Hauptziel der Ausschluss der Juden aus dem Kulturleben Deutschlands war,[217] zu den Haupttätern der Kulturdiktatur des Nationalsozialismus gehört habe. Durch seine Aktivitäten wäre immenser kulturgeschichtlicher Schaden angerichtet worden und hätten ungezählte Menschen den Tod gefunden.[218]

Im Zusammenhang mit Werner Egk scheint zunächst erwähnenswert, dass Hinkel, 1901 in Worms geboren, 1920 dem *Freikorps Oberland* beitrat. Laut Volker Koop, welcher Hans Hinkels Spruchkammerakte näher untersuchte, kam Hinkel 1921 über Dietrich Eckart – Hitlers Freund und Förderer – in München zur NSDAP[219] und nahm 1923 am Hitlerputsch teil.[220] So könnte Egk Hinkel bereits bei einer NSDAP-Versammlung oder bei einem Hitler-Auftritt in Augsburg oder München kennengelernt haben. Darauf deutet womöglich eine Stelle aus einem Brief hin, den Egk im Oktober 1935 aus Köln, wo er sich aufhielt, um am Opernhaus seine Bayerischen Tanzbilder *Georgica* zu dirigieren[221], an Elisabeth schrieb:

---

216 Vgl. Friedrich Geiger, »‚Einer unter Hunderttausend'. Hans Hinkel und die NS-Kulturbürokratie«, in: *Dresden und die avancierte Musik in 20. Jahrhundert. Teil II: 1933–1966*, hrsg. von Matthias Herrmann und Hanns-Werner Heister, Laaber 2002 (Musik in Dresden, Bd. 5), S. 47–61, hier S. 47ff.

217 Vgl. ebd., S. 53f.; vgl. auch Elke Kimmel, »Hinkel, Hans«, in: *Handbuch des Antisemitismus. Judenfeindschaft in Geschichte und Gegenwart*, Bd. 2/1, hrsg. von Wolfgang Benz, Berlin [u. a.] 2009, S. 363.

218 Vgl. Geiger, »Einer unter Hunderttausend«, S. 60.

219 Vgl. Koop, »Wer Jude ist, bestimme ich«, S. 213.

220 Vgl. Klee, *Das Kulturlexikon zum Dritten Reich*, S. 225.

221 Vgl. Prieberg, *Handbuch deutsche Musiker*, S. 1306.

> Ich habe Hänschen getroffen. Er war so sehr sympathisch! Er ist aus der S.A. raus und gehört zu dem Sippenbund S.S. Ist restlos glücklich dort. Hat mir viel Anregendes erzählt. Das ist aber zu lang zum Schreiben. Wichtig besonders das, dass auch er eine kulturpolitisch kompromisslos angenehme Aktion von dort her erwartet; trotzdem sich bis jetzt z.B. auch im Schwarzen Korps[222] nichts zeigt, was in künstlerischen Dingen mal richtig aufräumt. z.B. mit Strauss und Genossen.[223]

Es stellt sich die Frage, ob mit »Hänschen« Hans Hinkel gemeint gewesen sein könnte. Hinkel war im August 1931 in die SS eingetreten, und hatte im September 1935, also kurz bevor Egk den Brief schrieb, den Rang eines SS-Sturmbannführers erhalten.[224] Hinkel gab zwei Jahre später seinem Stolz darüber Ausdruck, dass in seinem Amt nur SS-Angehörige beschäftigt wären.[225] Die Aussage »ist restlos glücklich dort« würde entsprechend auf Hinkel zutreffen. Hinkel war zum Zeitpunkt von Egks Schreiben bereits Geschäftsführer der Reichskulturkammer (»Reichskulturwalter«[226]) und unterstand damit unmittelbar dem Präsidenten der Reichskulturkammer Goebbels. In dieser Funktion war er direkter Vorgesetzter von Peter Raabe, der seit Juli 1935 als Präsident der Reichsmusikkammer amtierte, nachdem Richard Strauss das Amt wegen »Unbelehrbarkeit in der Judenfrage«[227] abgeben musste. Strauss hatte einen kulturpolitisch kritischen Brief an seinen jüdischen Librettisten Stefan Zweig geschrieben, der von der Gestapo abgefangen wurde. Das führte dazu, dass ihm durch Goebbels der Rücktritt von seinem Amt als Präsident der Reichsmusikkammer nahelegt wurde. Richard Strauss trat im Juli 1935 von diesem Amt zurück. Hierauf könnte Egk im obigen Zitat angespielt haben. Alles in allem scheint es plausibel, dass Egk mit »Hänschen« von Hinkel sprach, und dass er ihn aus früherer Zeit kannte (mehr zu Egk und Hinkel unter 6.2).

---

222 *Das Schwarze Korps, Zeitung der Schutzstaffeln der NSDAP, Organ der Reichsführung SS*, mehr dazu unter 2.4.1.

223 Brief von Werner Egk an Elisabeth Egk vom 20. Oktober1935, StA-Don/WE-K-2-9.

224 Vgl. Geiger, »Einer unter Hunderttausend«, S. 49f.

225 Vgl. ebd., S. 51.

226 Ebd., S. 50.

227 Vgl. Prieberg, *Handbuch deutsche Musiker*, S. 6961ff.

3.2.2 *Wolfgang Nufer*

Mit Wolfgang Nufer, Dramaturg und SS-Obersturmführer, Mitbegründer und Hauptschriftführer der Zeitschrift *Völkische Kultur*,[228] war Egk persönlich befreundet und blieb auch nach Kriegsende mit ihm in Kontakt. Dagegen erwähnt Egk Nufer in seiner Autobiografie nicht. In seinen Briefen an Elisabeth ist sein Name nur einmal zu finden, obwohl er von 1933 bis 1936 Umgang mit ihm pflegte, als er unter Nufer das Musikreferat der *Völkischen Kultur* innehatte (dazu mehr unter 2.4.2).

Egk schrieb im Sommer 1934 an Ludwig Strecker:

> Dr. Nufer ist, das zu Ihrer Orientierung, mit den heute maßgebenden Theaterleuten sehr befreundet. Im Sommer kommt er nach München und wird mich besuchen. Auch abgesehen von der Uraufführung wird er uns sehr nützen.[229]

Darüber hinaus ist von Egk an Nufer ein Brief aus dem Jahr 1935 erhalten, in dem es um Berichtigungen in einem Manuskript (wohl für die *Völkische Kultur*) geht. Egk schrieb:

> Sämtliche von mir genannten Musiker sind bestimmt keine Juden. A l l e [sic] bis auf Jancek[230] [sic], der in Deutschland überhaupt selten aufgeführt wurde, sind während der letzten Jahre in den Programmen des deutschen Rundfunks festzustellen.[231]

Auf einem handschriftlichen Notizzettel, der einem Brief vom Dezember 1938 beiliegt, ist u.a. vermerkt, der Intendant Nufer sei der »persönliche Freund Egks«[232]. Egk formulierte für Nufer 1947 ein entlastendes Schreiben:

---

228 Vgl. Klee, *Das Kulturlexikon zum Dritten Reich*, S. 396.

229 Brief von Werner Egk an Ludwig Strecker vom 20. Juni 1934, BSB/Ana 800.B.I.Egk, Werner, Mappe 7905.

230 Gemeint ist wohl Leoš Janáček.

231 Brief von Werner Egk an Wolfgang Nufer vom 15. März 1935, BSB/Ana 410.

232 Brief von Werner Egk an Ludwig Strecker vom 12. Dezember 1938, BSB/Ana 800.B.I.Egk, Werner, Mappe 8109, anbei: handschriftlicher Notizzettel.

> Lieber Herr Dr. Nufer, ich bestätige Ihnen gerne die unabhängige Haltung der »V. K.« [*Völkische Kultur*], war sie uns doch in den Jahren 34/35 so etwas wie ein Trost und eine Hoffnung in der ausgebrochenen Finsternis.[233]

3.2.3 *Rainer Schlösser*

Mit dem Leiter der Theaterabteilung des Reichsministeriums für Volksaufklärung und Propaganda Rainer Schlösser hatte Egk den Briefen nach etwa ab der *Peer Gynt*-Uraufführung Ende November 1938 näheren Kontakt. Schlösser oblag es, die Endauswahl für die »uk«-Listen zur Freistellung vom Wehrdienst[234] zu treffen. Am 31. Dezember 1939 – Deutschland befand sich seit 1. September im Krieg – war Egk abends in Berlin bei einer Klavier-Bühnenprobe.[235]

> Anschliessend habe ich mit Schlösser gegessen. Er hat gesagt, die bewusste Angelegenheit wäre grundsätzlich geregelt beträfe aber nur die »Unsterblichen«. Gott sei Dank bin ich auch einer davon. Es scheint für die gesamte Dauer des K. [Krieges] zu sein.[236]

Demnach war Egk in die sogenannte »Reichsliste« aufgenommen worden, die bereits kurz nach Beginn des Krieges im November 1939 auf Anordnung von Hitler durch Goebbels erstellt wurde. Es war die Vorgängerliste der *Liste der Gottbegnadeten*, die ab August 1944 ausgearbeitet wurde.[237] Dass Egk auf der *Liste der Gottbegnadeten* stand, ist bekannt.[238]

---

233 Brief von Werner Egk an Wolfgang Nufer vom 4. Juli 1947, BSB/Ana 410; vgl. Braunmüller, »Aktiv im kulturellen Wiederaufbau«, S. 53, Braunmüller beurteilt die Zeitschrift »nach der überwiegenden Tendenz der Beiträge« als ein »Organ der völkischen Fraktion innerhalb des Nationalsozialismus«.

234 »uk«-Stellung ist die militärrechtliche Kennzeichnung von Personen, die wegen der Unabkömmlichkeit in ihrer momentanen zivilen Tätigkeit vom Wehrdienst freigestellt werden; vgl. Theodor Kellenter, *Die Gottbegnadeten. Hitlers Liste unersetzbarer Künstler*, Kiel 2020, S. 30f.

235 Vgl. Brief von Werner Egk an Elisabeth Egk vom 31. Dezember 1939, StA-Don/WE-K-2-13.

236 Ebd.

237 Vgl. Klee, *Das Kulturlexikon zum Dritten Reich*, S. 7; vgl. auch Hans Severus Ziegler, *Adolf Hitler aus dem Erleben dargestellt*, Göttingen 1964, S. 122.

238 vgl. z. B. Oliver Rathkolb, *Führertreu und Gottbegnadet. Künstlereliten im Dritten Reich*, Wien 1991, S. 176.

3.2.4 *Heinz Drewes*

Heinz Drewes, geboren 1903, war einer der beiden Vizepräsidenten der Reichsmusikkammer, ab 1937 Leiter der Abteilung Musik im Reichspropagandaministerium sowie von nachgeordneten Dienststellen. Damit hatte er auch die Reichsmusikprüfstelle unter sich und war mitentscheidend dafür, welche Werke gefördert oder verboten wurden.[239] Für die Schandschau »Entartete Musik« bei den Reichsmusiktagen 1938 in Düsseldorf war Drewes ebenso mitverantwortlich.[240] Seit der Uraufführung des *Peer Gynt* stand Egk mit Drewes in näherem Kontakt (siehe 4.5.2, 4.5.3), nach Ende des Krieges tauschten sie sich aus und stellten sich gegenseitig Entnazifizierungs-Gutachten aus.[241]

3.2.5 *Heinz Tietjen*

Heinz Tietjen, 1881 geboren, Dirigent, Regisseur und Intendant, gelang in der Zeit der Weimarer Republik ein sensationeller Aufstieg, der ihn in den Jahren vor Hitlers Machtübernahme zum einflussreichsten Theaterleiter des Deutschen Reichs machte, der dessen berühmtesten Opernbühnen vorstand.[242] Spätestens ab Herbst 1932 soll Tietjen endgültig auf die Seite der zukünftigen Machthaber übergewechselt sein,[243] und bei der Erstellung der Herkunftsnachweise für die ihm Untergebenen im Frühjahr 1933 eine besondere Eile an den Tag gelegt haben.[244]

Egk will Tietjen am 11. Februar 1936 bei einem Gastspiel in Kassel zum ersten Mal begegnet sein.[245] Bereits am 9. März, also knapp einen Monat später, wird Egk als Kapellmeister an die Preußische Staatsoper Berlin berufen, deren Leiter Tietjen war (siehe auch 4.3.6).[246] Dass Egk – der noch am Anfang seiner

239 Vgl. Theodora, Oancea, »Heinz Drewes«, in: *Kollaborateure – Involvierte – Profiteure. Musik in der NS-Zeit*, hrsg. von Rebecca Grotjahn, Universität Paderborn / Hochschule für Musik Detmold, 2019, https://kollaborateure-involvierte-profiteure.uni-paderborn.de/index.php/Heinz_Drewes.html [abgerufen am 21.3.2024].

240 Vgl. Klee, *Das Kulturlexikon zum Dritten Reich*, S. 108.

241 Vgl. Briefe von Werner Egk an Heinz Drewes, BSB/Ana 410.

242 Vgl. Heer und Haken, »Der Überläufer Heinz Tietjen«, S. 28.

243 Vgl. ebd., S. 35.

244 Vgl. ebd., S. 36.

245 Vgl. Egk, *Die Zeit wartet nicht*, S. 445.

246 Vgl. ebd., S. 255 und 554.

Laufbahn stand und nicht der begnadetste Dirigent war – einen so bedeutsamen Dirigentenposten zugesprochen bekam, bezeichnet Kater als »eines der ersten Teile des merkwürdigen Puzzles«, »das die Biographie dieses eigentümlichen Künstlers ausmachte.«[247]

Hermann Göring ließ sich 1934 das Recht bestätigen, über die preußischen Staatstheater zu verfügen, und erlaubte Tietjen, prominente Künstler jüdischer Herkunft an der Staatsoper zu halten. Einige Fälle verhandelte Tietjen mit Hinkel[248], so auch den des Generalmusikdirektors Leo Blech, über den Egk schrieb: »Enorm Jüdisch, provozierend penetrant aber glänzender Dirigent. Trotzdem nicht das was uns liegt!«[249] Es stellt sich die Frage, ob Egk daran beteiligt war, dass Blech letztlich emigrierte (siehe unter 2.2.1).

Tietjen wurde für Egk zum Freund und Mentor. Im Dezember 1939 schrieb Egk in einem Brief an Elisabeth: »Die ganze Klavier-Bühnenprobe [...] war Tietjen da [...] und es hat sich gezeigt, dass Tietjen das Stück sehr genau kennt und ein enormes Interesse hat. Er hat sehr gute Tips gegeben.«[250] »Nie hätte ich ohne Tietjen so viele Proben bekommen.«[251], schrieb Egk etwa eine Woche später (Es geht um das Ballett *Joan von Zarissa*.[252]). Nach dem Krieg stellten Egk und Tietjen sich gegenseitig eidesstattliche Erklärungen aus, über die ein Briefwechsel Auskunft gibt.[253]

---

247 Michael H. Kater, *Komponisten im Nationalsozialismus. Acht Porträts*, Berlin 2004, S. 18.

248 Vgl. Heer und Haken, »Der Überläufer Heinz Tietjen«, S. 38.

249 Brief von Werner Egk an Elisabeth Egk vom 15. September 1936, StA-Don/WE-K-2-10; vgl. auch unter 2.1.1.

250 Brief von Werner Egk an Elisabeth Egk vom 31. Dezember 1939, StA-Don/WE-K-2-13; es muss sich um die Proben für das Ballett *Joan von Zarissa* gehandelt haben; vgl. Egk, *Die Zeit wartet nicht*, S. 555.

251 Brief von Werner Egk an Elisabeth Egk vom 1. Januar 1940, StA-Don/WE-K-2-14.

252 Vgl. Egk, *Die Zeit wartet nicht*, S. 555.

253 Vgl. BSB/Ana 410.

4 Werke und Hintergründe

4.1 *Columbus*

1932 erhielt Egk vom Bayerischen Rundfunk den Auftrag für eine Funkoper.[254] Als Stoff und Titel wählte er *Columbus*[255] (vollständiger Titel *Columbus. Bericht und Bildnis*), wozu er selbst das Textbuch schrieb. In *Die Zeit wartet nicht* schildert er die Schwierigkeit, die Funkoper, die *vor* der Machtübernahme in Auftrag gegeben worden war, *nach* der Machtübernahme in die Sendung einzugliedern. Die Verhältnisse hatten sich geändert, es waren Stellen umbesetzt worden.[256] In den Briefen an Ludwig Strecker findet sich ein Vorschlag Egks zu Form und Inhalt eines »zweckdienlichen Briefes« mit der Bitte an Strecker, dem neuen Intendanten des Bayerischen Rundfunks Richard Kolb ein Schreiben mit ebenjenem Wortlaut zukommen zu lassen. Egk hoffte, damit die Aufnahme der Sendung zu beschleunigen. Der »zweckdienliche Brief« sollte folgende Punkte enthalten:

> Förderung eines jungen, ideal veranlagten deutschen Komponisten, der Dank seiner Begabung und Gesinnung gerade heute weitgehende Beachtung und Förderung verdient. Das Werk [Columbus] ist in seiner Haltung im guten Sinne modern und entspricht vollkommen den von Herrn Reichsminister Goebbels in seiner Rundfunkrede aufgestellten Richtlinien für die neue deutsche Kunst.[257]

---

254 Vgl. Egk, *Die Zeit wartet nicht*, S. 553.

255 Über den Columbus-Stoff, die Zusammenarbeit mit Hermann Scherchen siehe ausführlich unter: Braunmüller, »Aktiv im kulturellen Wiederaufbau«, S. 36–39.

256 Vgl. Egk, *Die Zeit wartet nicht*, S. 200; vgl. auch Braunmüller, »Aktiv im kulturellen Wiederaufbau«, S. 38, nach Braunmüller gab es mit der Machtergreifung der Nationalsozialisten eine Zurückdrängung der ernsten Musik im Rundfunk.

257 Brief von Werner Egk an Ludwig Strecker vom 21. April 1933, BSB/Ana 800.B.I.Egk, Werner, Mappe 7883.

Ob Ludwig Strecker ein derartiges Schreiben verfasst hat, bleibt fraglich. Jedenfalls gab sich Kolb Egk gegenüber wohlwollend,[258] und die Funkoper *Columbus* wurde am 13. Juli 1933 vom Bayerischen Rundfunk gesendet.[259] Das von Egk vorgeschlagene Schreiben zeigt, dass Egk das NS-System bereits kurz nach der Machtübernahme Hitlers durchdrungen hatte und bereit war, sich den Prämissen der Kulturpolitik im NS-Staat anzudienen.

4.2 *Job der Deutsche*

Anfang November 1933 begannen in der Kölner Messehalle die Proben zu dem Mysterienspiel *Job der Deutsche* von Kurt Eggers[260], zu dem Werner Egk die Musik komponiert hatte. Das Theaterwissenschaftliche Institut der Universität Köln wurde genutzt, um Schauspielnachwuchs auszubilden und Altschauspieler für ein »Arbeitsgebiet, das am unmittelbarsten und reinsten der Idee des nationalsozialistischen Staates dient«[261], umzuschulen: Zu Spielgemeinschaften für die nationale Festgestaltung, zu Thingspielen unter Aufbietung von Berufsschauspielern (hier wurden erwerbslose Bühnenkünstler eingesetzt[262]) und Sprech-, Gesangs- und Bewegungschören mit Laiendarstellen. Die Leitung der ersten GmbH, der *Rheinischen Spielgemeinschaft für nationale Festgestaltung,* hatte der Leiter der *Landesstelle für Volksaufklärung und Propaganda* Toni Winkelnkemper inne,[263] der künstlerische Oberspielleiter Hanns Niedecken-Gebhardt[264] übernahm die chorische und tänzerische Massenre-

---

258 Vgl. Egk, *Die Zeit wartet nicht*, S. 205.

259 Vgl. Ebd., S. 553.

260 Vgl. ausführlich in: Braunmüller, »Aktiv im kulturellen Wiederaufbau«, S. 44–52.

261 »Die Spielgemeinschaften für nationale Festgestaltung«, in: *Theater-Tageblatt*, Nr. 1231/32, 29. Juli 1933.

262 Vgl. Henning Eichberg, Michael Dultz, Glen Gladberry und Günther Rühle, *Massenspiele. NS-Thingspiel, Arbeiterweihespiel und olympisches Zeremoniell*, Stuttgart 1977, S. 216.

263 Toni Winkelnkemper war 1933 Mitglied des Reichstags der NSDAP und Landesstellenleiter Rheinland des Reichspropagandaministeriums, 1937 Intendant des Reichssenders Köln; vgl. Klee, *Das Kulturlexikon zum Dritten Reich*, S. 602.

264 Hanns Niedecken-Gebhardt, Regisseur, von 1931 bis 1933 an der Metropolitan Opera in New York; er war Spezialist für Massen- und Festspielinzenierungen (Olympische Spiele 1936), vgl. ebd., S. 391f.

gie.[265] Werner Egk markiert die Textvorlage Eggers' in seiner Autobiografie als »Staub und Scheiße«[266]. Er habe den Auftrag erst angenommen, nachdem er sich vergewissert hätte, dass er keinen Text komponieren müsse, sondern ausschließlich Orchestermusik zu Bewegungschören und Balletten. Er bezeichnet Winkelnkemper als »Tempel ewiger Besäufnis«, der die Einnahmen der Aufführungen und damit das vereinbarte Honorar »verjubelt, verspielt und versoffen« habe.[267] Der Umgangston sei rau, aber herzlich gewesen, Egk charakterisiert das gesamte Unterfangen bis hin zum finanziellen Ausgang mehrfach mit »umsonst«.[268]

In seinen Briefen stellt sich das Projekt anders dar. Hier erlebt man einen Werner Egk, der an dieser nationalen Aufgabe über sich hinauswächst und geradezu vor Begeisterung und Stolz sprüht. Auch finanziell scheint seine Arbeit lukrativ gewesen zu sein, zumal er die Komposition gewissermaßen wiederverwerten konnte.[269] In einem Brief vom 1. November 1933 empfiehlt Egk seinem Freund und Verleger Ludwig Strecker den Besuch der Uraufführung von *Job der Deutsche*. Egk war der Ansicht, dass sich aus dieser Keimzelle eine »besonders auch für die Musik bedeutungsvolle Entwicklung ergeben«[270] könne.

Bei den Proben musste er jedoch feststellen, dass das Stimmenmaterial zunächst nicht vollständig vorhanden war. Er berichtete Elisabeth:

---

265 Vgl. Eichberg, Dultz, Gladberry und Rühle, *Massenspiele*, S. 216 und 221.

266 Egk, *Die Zeit wartet nicht*, S. 208.

267 Vgl. Braunmüller, »Aktiv im kulturellen Wiederaufbau«, S. 52.

268 Vgl. Egk, *Die Zeit wartet nicht*, S. 208ff.

269 Egk arbeitete die Musik zu einem Ballett (*Der Weg*) um, vgl. Werkverzeichnis in: Spieker, »Werner Egk«, Webseite; ein Artikel im *Neuen Musikblatt* vom März 1936 berichtet von einer Aufführung von *Der Weg* in Antwerpen; vgl. »Ein Ballett von Egk in Antwerpen«, in: *Neues Musikblatt*, 15 / März (1936), S. 2; Braunmüller weist darauf hin, dass Egk im Autograph die Beschriftung »Job der Deutsche (Kurt Eggers)« ausradierte und durch »Der Weg« ersetzte, vgl. Braunmüller, »Aktiv im kulturellen Wiederaufbau«, S. 49; 1966 schreibt Egk an den Schott-Verlag: »Das Aufführungsmaterial ›Der Weg‹ kann vernichtet werden. Das Ballett war nichts als eine Zusammenstellung von verschiedenen Gelegenheitsarbeiten und ist ad hoc von Frau Korty zusammengestellt worden. Die Ballettidee war von Frau Korty, und das Ganze ist musikalisch und vom Libretto her heute unbrauchbar«, vgl. Brief von Werner Egk an Verlag B. Schott's Söhne vom 23. März 1966, BSB/Ana 410/G, SCHOTT bis 1970, Bühnen- und Konzert- | abteilung | bis 1970.

270 Brief von Werner Egk an Ludwig Strecker vom 1. November 1933, BSB/Ana 800.B.I.Egk, Werner, Mappe 7877.

> Es waren aber nur 5 Nummern ausgeschrieben. Als Ausgleich dafür hat das Orchester aber gespielt, als hätten sie schon drei Proben mit mir gehabt. Heil. Die Musik ist 10 x so gut wie die Totenspiel[271] und klingt überwältigend. Glänzend die Job Söhne Märsche. Toll. fabelhaft etc.
> Ich habe alle Orchesterproben bis Montag abgesagt. Dafür habe ich bei Hindenburg und Hitler schwören lassen, dass am Montag alles Material da sein muss.[272]

Am nächsten Tag schrieb Egk:

> Die Ballettmeisterin Herting wollte mir von dem grossen Tanz massig streichen, aber Niedecken hats ihr schon besorgt: »da könnt ihr Euch die Finger abschlecken nach so ner Musik zu tanzen, da wird nichts gestrichen« sagte er ihr.[273]

Die Vorbereitungen zur Premiere waren in vollem Gange, Elisabeth sollte bei ihrem Erscheinen einen konformen Eindruck machen. Egk schrieb ihr am 8. November:

> Wir haben jetzt ein gemeinsames Dienstauto mit Hoheitsabzeichen, womit wir überall auch wenn gesperrt ist, durchfahren können. Goebbels hat zur Premiere fest zugesagt. Kleid brauchst Du bestimmt Kein grosses neues. Das dunkle mit Pelz genügt reichlich. Würdest sonst nur aus dem »Volks«rahmen fallen. [...] Vorstellung hier soll angeblich übertragen werden. Womöglich auf alle Sender.[274]

Am 11. November schrieb Egk ein weiteres Mal nach München, dass *Job der Deutsche* bei den Proben ein voller Erfolg sei. Er sorgte dafür, dass der Klang auch in der Loge – wo die NS-Funktionäre zu sitzen kommen sollten – gut ankam.[275] Egk außerdem begeistert:

---

271 *Das große Totenspiel* war ein Hörspiel, für das Egk die Musik schrieb. Es ist nicht mehr auffindbar, vgl. Spieker, »Werner Egk«, Webseite.

272 Brief von Werner Egk an Elisabeth Egk vom 3. November 1933, StA-Don/WE-K-2-8.

273 Brief von Werner Egk an Elisabeth Egk vom 4. November 1933, ebd.

274 Brief von Werner Egk an Elisabeth Egk vom 8. November 1933, ebd.

275 Vgl. Brief von Werner Egk an Elisabeth Egk vom 11. November 1933, ebd.

> Es geht. So gut als es mit so einem Erwerbslosenorchester überhaupt möglich ist. Alles klingt wunderbar. [...]. Die Leute [...] kamen dann alle her und waren so gepackt, dass ich mich fast geschämt habe. Die Regieassistenten, der S. A. Schofför von unserem Auto haben mich fast erdrückt vor Begeisterung. Echt wahr!!![276]

Vom Funk aus wollte man Egk dazu bringen, auf die Übertragungsgebühr zu verzichten, worauf dieser »im Gegensatz zu Eggers«[277] aber nicht einging. Am 24. November freute sich Egk auf die Heimkehr. An Elisabeth: »Du wirst auf Geld scharf sein. Von der R. R. G. [Reichs-Rundfunk-Gesellschaft] kriegen wir 500 für Job, so dass Du deine 1000 M schon zusammenbringst.«[278]

Etwa eineinhalb Jahre später, im Juni 1935, distanzierte sich Egk von Eggers, dem er sich 1934 noch angenähert hatte[279], und schrieb an Strecker:

> Dass Kurt Eggers in meinem Steckbrief genannt ist dürfte nicht mehr günstig sein, soviel ich weiss ist er bereits abserviert, es ist besser, dafür zu schreiben »Musik zu den ersten nationalen Festspielen, Köln 1933«.[280]

Für Egk war der Erfolg seiner Musik zu *Job der Deutsche* auf jeden Fall ein Schritt, der ihn auf der Karriereleiter voranbrachte. In einem Brief an Ludwig Strecker vom November 1934 ist zu lesen:

> Dr. Nufer hat gelegentlich der Reichstheaterwoche mit Herrn vom Propagandaministerium und auch mit Schlösser über mich gesprochen und festgestellt, dass ich dort (wegen der Musik zu den Kölner Spielen) sehr geschätzt werde und mit Leichtigkeit erreichen könne, dass die Aufführung der Oper [*Die Zaubergeige*] vom Propagandaministerium durch Rundschreiben den Theatern empfohlen werde. Das wäre u n t e r U m s t ä n d e n zu erwägen, doch hat das ja noch reichlich Zeit.[281]

---

[276] Ebd.

[277] Brief von Werner Egk an Elisabeth Egk vom 20. November 1933, ebd.

[278] Brief von Werner Egk an Elisabeth Egk vom 24. November 1933, ebd.

[279] Vgl. Braunmüller, »Aktiv im kulturellen Wiederaufbau«, S. 45f.

[280] Brief von Werner Egk an Ludwig Strecker vom 24. Juni 1935, BSB/Ana 800.B.I.Egk, Werner, Mappe 7988.

[281] Brief von Werner Egk an Ludwig Strecker vom 1. September 1934, ebd., Mappe 7918; vgl. Albrecht Dümling, Anpassungsdruck und Selbstbehauptung. Der Schott-Verlag im ›Dritten Reich‹, Regensburg 2020 (Musik und Zeitgeschichte, Bd. 1), S. 45.

Über Wolfgang Nufer, Dramaturg und SS-Obersturmführer, Mitbegründer und Hauptschriftführer der Zeitschrift *Völkische Kultur* ist unter Punkt 3.2.2 mehr zu lesen.

4.3 Die Zaubergeige

4.3.1 *Uraufführung*

Laut Autobiografie besuchte Egk Elisabeth im Sommer 1928 in Köln, wo sie sich mit dem *Marionettentheater Münchner Künstler* zu einem Gastspiel aufhielt. Man präsentierte u. a. *Die Zaubergeige* von Franz von Pocci[282], die auf dem Grimm-Märchen *Der Jude im Dorn* basiert[283]. Egk hatte das Stück bereits 1927 kennengelernt und eine Schauspielmusik dafür geschrieben.[284] Einige Jahre später empfand er den Stoff als für die Opernbühne geeignet.

Mit der Arbeit an der Oper *Die Zaubergeige* gewann das enge Verhältnis und die Zusammenarbeit zwischen Egk und Ludwig Strecker ab 1934 an Intensität. Das lag mit daran, dass die beiden sich sowohl brieflich als auch in persönlichen Begegnungen viel über die Oper austauschten.

Bereits im Februar 1935 bemühte sich Egk darum, die Oper profitabel zu platzieren und schrieb so an den Verlag B. Schott's Söhne:

> Ich bitte Sie, nur alles zu tun, dass eine Aufführung bei der Reichstheater woche […] zustandekommt. Eine noch bessere Möglichkeit kann man sich heute in Deutschland nicht ausdenken.[285]

---

282 Vgl. Egk, *Die Zeit wartet nicht*, S. 180.

283 Vgl. Braunmüller, »Aktiv im kulturellen Wiederaufbau«, S. 56; das hatte Egk Ludwig Strecker gegenüber verschwiegen, vgl. Dümling, *Anpassungsdruck und Selbstbehauptung*, S. 44.

284 Vgl. Braunmüller, »Aktiv im kulturellen Wiederaufbau«, S. 56.

285 Brief von Werner Egk an B. Schott's Söhne vom 27. Februar 1935, BSB/Ana 800.B.I.Egk, Werner, Mappe 7952.

Anfang Mai reiste Egk zu den Proben für die Uraufführung nach Frankfurt und kündigte sich dafür bei Ludwig Strecker an[286]. Egk zeigte sich vom klanglichen Ergebnis der Proben begeistert und berichtete Elisabeth am 7. Mai: »Hab mirs nicht so schön vorgestellt. Keine Reue! Heil!«[287].

Noch am selben Tag (Poststempel) fügte er in einem weiteren Brief einer Aufzählung der Bühnendarsteller hinzu: »Alles keine Reue! Heil! [...] Mit Nazis hat das Theater schon Fühlung genommen, das wird nach einem von mir im Hintergrund ausgedachten Plan arrangiert!«[288]

Drei Tage später schrieb er erneut voller Enthusiasmus: »Alles begeistert. Heil. Keine Reue«[289].

Der Ausruf »Keine Reue« kommt weder in der Oper vor, noch ist er im Sprachgebrauch der Zeit verbrieft. Es klingt nach einer persönlichen Ermunterung bzw. Ermahnung Egks an sich selbst und/oder Elisabeth, in einer gewissen Sache, welche aufgrund des Ausdrucks »Heil« mit der nationalsozialistischen Doktrin verbunden sein dürfte, keine Rückzieher zu machen: Angesichts der antisemitischen Ausrichtung der Oper und des gleichzeitigen täglichen Kontakts mit der »jüdisch versippten« Bankiersfamilie, bei der er wohnte (mehr dazu unter Punkt 2.1.2), und für die er offensichtlich Sympathie hegte (»Sehr nette Leute«[290]), könnte Egk begonnen haben, Reue zu empfinden.

Elisabeth sandte dem Schott-Verlag im Namen ihres Mannes eine Liste mit Anschriften, an welche der Verlag Textbücher der *Zaubergeige* verschicken sollte.[291] Darunter befanden sich die Adressen von SS-Obersturmführer und Dramaturg Wolfgang Nufer, Reichsdramaturg Rainer Schlösser, Carl Diem vom Organisationskomitee der Olympischen Spiele 1936[292], Gauobmann der *Nationalsozialistischen Kulturgemeinde* Ludwig Schrott[293], Hellmuth Habers-

[286] Brief von Werner Egk an Ludwig Strecker vom 2. Mai 1935, ebd.

[287] Brief von Werner Egk an Elisabeth Egk vom 7. Mai 1935 [1 Blatt], StA-Don/WE-K-2-9.

[288] Brief von Werner Egk an Elisabeth Egk vom 7. Mai 1935 [3 Blätter], ebd.

[289] Brief von Werner Egk an Elisabeth Egk vom 10. Mai 1935, ebd.

[290] Brief von Werner Egk an Elisabeth Egk vom 12. Mai 1935, ebd.

[291] Vgl. Brief von Elisabeth Egk an B. Schott's Söhne vom 15. Mai 1935, BSB/Ana 800.B.I.Egk, Werner, Mappe 7976.

[292] Vgl. Klee, *Das Personenlexikon zum Dritten Reich*, S. 108f.

[293] Vgl. Klee, *Das Kulturlexikon zum Dritten Reich*, S. 495.

brunner vom Reichssender München[294] und Reichskultursenator Richard Euringer[295].

4.3.2 *Guldensack*

Der in Egks Briefen von 1928 und 1929 hervorgetretene Hass auf Juden lässt es angebracht erscheinen, den Text und die Musik beim ersten Auftritt des sogenannten Guldensack genauer zu untersuchen. Zunächst ist festzuhalten, dass dem Titel der Oper zu entnehmen ist, dass der Text von Werner Egk und Ludwig Andersen (alias Ludwig Strecker) nach dem gleichnamigen Märchendrama von Franz von Pocci gestaltet worden ist. In der Autobiografie entsteht demgegenüber der Eindruck, dass Ludwig Strecker zwar Vorschläge gemacht –, Egk jedoch in Eigenregie gehandelt habe. Egk verweist auf Anleihen bei Hofmannswaldau und Klopstock, und stellt es so dar, als habe er den Text – ohne viel nachzudenken – wie ein Schnellgericht zubereitet, der Zeit angepasst und »angerichtet«.[296]

Was die Figur des Juden Guldensack betrifft, schrieb Egk in seiner Autobiografie:

> Der Jude Mauschel [so in Poccis *Zaubergeige*] wurde durch die Figur des Guldensack ersetzt, bei dem weder die Rasse noch die Konfession eine Rolle spielt, ausgenommen die *confessio* [das Bekenntnis], bei der vorwiegend auf Geld und Gut, Beschiß und Betrug gesetzt wird.[297]

Egk versucht den Eindruck zu vermitteln, er habe aus dem Juden aus der Pocci-Textvorlage eine völlig unverfängliche Bühnenfigur gemacht.[298] Es stellt sich die Frage, ob er diesen Fingerzeig für nötig erachtete, um möglichen Kritiken die Argumente zu nehmen.

---

294 Vgl. Leonhard, *Programmgeschichte des Hörfunks in der Weimarer Republik*, S. 82.

295 Vgl. Klee, *Das Kulturlexikon zum Dritten Reich*, S. 129.

296 Egk, *Die Zeit wartet nicht*, S. 215.

297 Ebd., S. 213; vgl. auch Braunmüller, »Aktiv im kulturellen Wiederaufbau«, S. 56.

298 Das Libretto wurde nach einer Intervention des Reichsdramaturgen Rainer Schlösser beim Schott-Verlag – wegen einer zu offensichtlich antisemitischen Tendenz des Werkes – überarbeitet, was Schlösser offensichtlich zufriedenstellte; vgl. Dümling, *Anpassungsdruck und Selbstbehauptung*, S. 45.

Der Name »Guldensack« könnte eine Anspielung auf den Begriff der »Geldsackrepublik« sein, zu der das Finanzjudentum das Deutsche Reich den NS-Ideologen zufolge gemacht hatte.[299] Die negative Konnotation des Geldes und des Materiellen ist einerseits ein klares Zugeständnis an die NS-Ideologie[300], und andererseits ein Hinweis auf den Judas im Johannes-Evangelium, wie im Folgenden verdeutlicht werden soll.

Ein wesentlicherer Unterschied zu Poccis und auch zu Grimms Märchen[301] ist die überdeutliche Anspielung auf das Christentum beim Dialog Kaspar – Guldensack in der sechsten Szene. Durch die Verknüpfung christlicher Gebets-Rhetorik – die im Übrigen auch Adolf Hitler in seinen Reden verwendete[302] – mit einer Anbetung des Geldes wird Guldensack hier zu einem Synonym für das Judentum, zum Judas, der Christus für Geldes verriet. Speziell im Johannes-Evangelium tritt Judas als Dieb in Erscheinung, der die Kasse unter sich hat, das Geld aber veruntreut.[303] Das Attribut des Galgens in der Oper ist ein weiterer Hinweis auf den Judas, der nach Matthäus 27, 3–10[304] aus Reue über seinen Christus-Verrat das Geld zurückgab und sich erhängte. In seinen Memoiren stellt Egk den Galgen als einen Affront gegen die zeitgenössischen Inszenierungsvorgaben dar, also als ein Zeichen des Widerstandes:

> Neher[305] fragte mich: »Ist es wahr, daß wir in Ihrer Oper einen Galgen machen dürfen?«
> »Ja«, sagte ich.
> Er freute sich über den Galgen wie ein Kind, »denn«, sagte er, »ich habe schon lange kein Stück mehr mit einem Galgen machen dürfen.«

---

299 Vgl. Manfred Pechau, *Nationalsozialismus und deutsche Sprache*, Dissertation Ernst-Moritz-Arendt-Universität zu Greifswald, Greifswald 1935, S. 25.

300 Vgl. z. B. Hitler, *Mein Kampf*, S. 255f.

301 Vgl. Brüder Grimm, *Kinder-und Hausmärchen*, Bd. 2, Berlin 1815, S. 133–138.

302 Vgl. Horst Dieter Schlosser, *Sprache unterm Hakenkreuz. Eine andere Geschichte des Nationalsozialismus*, Köln [u. a.] 2013, S. 204ff.

303 Vgl. *Die Bibel oder die ganze Heilige Schrift des Alten und Neuen Testaments nach der Übersetzung von Martin Luther*, hrsg. von der Württembergischen Bibelanstalt Stuttgart, Stuttgart 1970, Neues Testament, Joh. 12, 4–6, S. 123.

304 Vgl. ebd., S. 39.

305 Caspar Neher war Bühnenbildner; vgl. Klee, *Das Kulturlexikon zum Dritten Reich*, S. 388.

> Der Galgen entzückte ihn, weil er schlecht zu den hehren Symbolen paßte, die damals dem Theater den aufbauend-optimistischen Sinn geben sollten.[306]

Ob ein Dialog mit dem Bühnenbildner »und Brecht-Freund«[307] Caspar Neher tatsächlich in dieser Form stattgefunden hat, blieb Egks Geheimnis, denn Neher war bereits 1962 verstorben.[308] Dass Egk in seiner Autobiografie so spezifisch auf den Galgen einging, deutet in jedem Fall darauf hin, dass er diesen ganz bewusst auf die Bühne gebracht hatte. Er verschwieg, dass der Galgen mit der jüdischen Figur des Guldensack in Verbindung stand, und stellte eine rebellische Konnotation in den Vordergrund.

Ein weiteres Merkmal von Egks Inszenierung ist das Wort »Skapulier« im Text des Guldensack bei seinem ersten Auftritt in der sechsten Szene der Oper. Es benennt ein Schutz- und Weihesymbol christlicher Ordensmitglieder, eine Stilisierung des Überwurfs der Ordenstracht, die in Form von rechteckigen, täschchenartigen Filzamuletten auf Brust und Rücken getragen worden ist.[309] Dass Guldensack seinen Geldsack damit assoziiert, kommt einer Verhöhnung christlicher Symbolik gleich.

Es wird deutlich, dass die Szenen semantisch aufgeladen sind und sich dabei an das Verständnis des Bildungsbürgertums richten.

4.3.3 *Neufassung*

Dass ein Komponist sich dazu entschließt, eine Werkneufassung zu schreiben, ist ein üblicher Vorgang, für den verschiedenste Gründe und Entscheidungen ausschlaggebend sein können. Interessanterweise gibt es in der Neufassung der *Zaubergeige* von 1954 im Vergleich zur ersten Ausgabe von 1935 in der sechsten Szene mit Guldensack eine Streichung im Text. Das ist im Folgenden dargestellt, wobei die entfernte Passage kursiv gesetzt ist.

---

306 Egk, *Die Zeit wartet nicht*, S. 217f.

307 Ebd., S. 217.

308 Vgl. Christian Jauslin, »Caspar Neher«, in: *Theaterlexikon der Schweiz*, Bd. 2, hrsg. von Andreas Kotte, Zürich 2005, S. 1312–1313.

309 Vgl. Karl Suso Frank, »Skapulier«, in: *Lexikon für Theologie und Kirche*, Bd. 9, hrsg. von Walter Kasper, Freiburg im Breisgau ³2000, Sp. 653.

6. Szene Kaspar, Guldensack

Guldensack: tritt auf
Unrecht Gut gedeiht nicht! Jawohl, dem nicht, der's verloren hat!
So ein Sack voll Geld ist doch das beste Skapulier!
Ich weiss, was das Geld gilt und halt's für meinen Gott!.
O Geld, du meine Stärke, ich kenne deine Werke.
Dich will ich allzeit ehren, auf dich nur will ich schwören,
du hilfst aus aller Not, du bist mein Herr und Gott!

Kaspar: für sich
Der betet ein wunderliches Vaterunser, meiner Lebtag ist mir noch kein solcher Schalk vorgekommen!

Guldensack:
Durch dich auf dieser Erden will jeder selig werden;
das Unglück, Kreuz und Leiden, das kannst du schnell vertreiben, der Reiche wird geacht, der Arme, der verschmacht!

Kaspar:
Ein solcher Geldwolf, der hätt's wohl verdient, dass man ihn sollte am höchsten Galgen aufheben!

Guldensack:
Die Weiber kann man kaufen, braucht ihnen nicht nachlaufen,
die Richter kann man schmieren, braucht keinen Streit verlieren!
So wird manch armer Tropf gebracht um Hals und Kopf!
[...][310]

Diese Streichung legt nahe, dass die Textstelle, die auf die Passion Christi hindeutet (»Unglück, Kreuz und Leiden«), nunmehr zu brisant geworden war. Auch wurde Kaspars Reaktion darauf entfernt, respektive die Aussage, dass

310 Vgl. Werner Egk, *Die Zaubergeige. Spieloper in drei Akten nach Pocci von Ludwig Andersen und Werner Egk*, Partitur, Mainz 1935, S. 208ff.; Werner Egk, *Die Zaubergeige. Spieloper in drei Akten nach Pocci von Ludwig Andersen und Werner Egk*, Textbuch, Mainz 1954, S. 17f.

Guldensack es verdient hätte, am höchsten Galgen zu hängen. Der Galgen war also ebenso nicht mehr angebracht. Beibehalten wurde hingegen die Aussage Kaspars am Ende der sechsten Szene: (triumphierend) »Brav getanzt, du Geldwolf, du unchristlicher, brav getanzt!«[311]

Hier soll nicht unerwähnt bleiben, dass Egk durch seine katholische Erziehung, die Zeit im Gymnasium bei St. Stephan in Augsburg[312], seine Lehrstunden bei dem Jesuiten Kühn[313] und seine Tätigkeit als Organist im Gottesdienst[314] mit der Gebetspraxis der Kirche vertraut war. Er hatte eine Bibel und las auch darin, wie bereits aus einem Brief an Elisabeth (unter 2.1.1) ersichtlich geworden ist.[315]

4.3.4 *Hofmarschall*

Anders als bei Pocci, der den Juden Mauschel nicht mehr auftreten lässt,[316] steht der Guldensack in der *Zaubergeige* auch noch als Haus- und Hofmarschall über jener dekadenten Welt der Ninabella, die den Spagatini (alias Kaspar) verführen möchte. Interessant ist der Text des Guldensack, als dieser im zweiten Akt in den Speisesaal des Schlosses kommt und seine Bediensteten herumscheucht:

> He, her mit euch! Du Madensack, soll ich die Arbeit tun? Schafft Licht, schafft Licht! Du Tropf! Du Narr! So paß doch auf! Euch sollte man für eure Faulheit Nasenstüber geben, daß euch Stirne, Gehirne, Nase, Maul und Wangen so durcheinander gemenget werden, daß ihr euch euer Lebtag nicht mehr kennen sollt. Das Silberzeug! Die Granatäpfel! Beim Sakrament, ich wollt, so dumme Teufel wären, wo der Pfeffer wächst, und hätten den Henker dazu und würden vom Sankt Velten lernen, was geschwinde sei![317]

---

311 Vgl. Egk, *Die Zaubergeige*, Textbuch, S. 19.

312 Vgl. Egk, *Die Zeit wartet nicht*, S. 550.

313 Vgl. ebd., S. 34.

314 Vgl. ebd., S. 46.

315 Vgl. Brief von Werner Egk an Elisabeth Egk vom 2. Februar 1929, StA-Don/WE-K-2-5.

316 Vgl. Franz, Graf von Pocci, *Die sechs schönsten Puppenkomödien*, Frankfurt am Main, [1924], S. 236.

317 Egk, *Die Zaubergeige*, Textbuch, S. 22.

Damit könnte das Bild des arbeitsscheuen Juden gezeichnet werden, der andere tun lässt, was er nicht möchte, und seinen Gewaltfantasien dabei freien Lauf lässt. Darauf, dass Guldensack sich dunklen Mächten anheimgegeben hat, deutet der Ausdruck »Sankt Velten« als Synonym für den Teufel hin.

4.3.5 *Judenmusik*

Ohne in diesem Rahmen eine vertiefte musikalische Analyse zu leisten, sei an dieser Stelle auf eine Beobachtung zur Musik beim Auftritt des Guldensack hingewiesen. Egk hatte im November 1927 ein Stück mit dem Titel *Judenmusik*[318] für Bläserensemble skizziert. Offensichtlich hielt er darin musikalische Merkmale fest, die er als »jüdisch« charakterisierte: Hörner, Trompeten und Posaunen mit Dämpfer bzw. gestopft, allgegenwärtige Chromatik (als Läufe oder in aufsteigenden Sequenzen), Atonalität – Elemente des Jazz sowie der Dodekaphonie (Zwölftontechnik)[319], deren »Überzüchtung ins Atonale«[320] Egk in seinem Artikel von 1933 durch »eine aus der Farbe angereicherte stählerne Diatonik zu brechen«[321] gedachte.

In der Ouvertüre und im ersten Bild der Oper, in welchem Guldensack nicht vorkommt, tritt keines der oben genannten Elemente in Erscheinung. Im Vorspiel zum zweiten Bild gibt es partiell die Anweisung zum Flatterzungenspiel der Flöten, das bereits etwas Andersartiges erahnen lassen soll. Beim Auftritt des Guldensack in der sechsten Szene des ersten Aktes treten sowohl Flatterzungenspiel als auch kurze chromatische Läufe und gedämpftes Blech in Erscheinung. Plakativ ist im weiteren Verlauf der chromatische Aufstieg in jenem Moment, in dem Guldensack als Hofmarschall in der zweiten Szene des zweiten Aktes die Bühne betritt. Der Vergleich mit der entsprechenden Sequenz der *Judenmusik* zeigt die Äquivalenz:

318 Werner Egk, *Judenmusik*, Partitur, in: 10 Pieces, BSB Mus.ms. 17529.

319 Der Erfinder der Zwölftontechnik war Arnold Schönberg, der wegen seiner jüdischen Herkunft geächtet wurde, vgl. Schmidt, »Schönberg, Schoenberg, Arnold (Franz Walter)«, Sp. 1592ff.

320 Egk, »Musik gestern und heute«, S. 211.

321 Ebd.

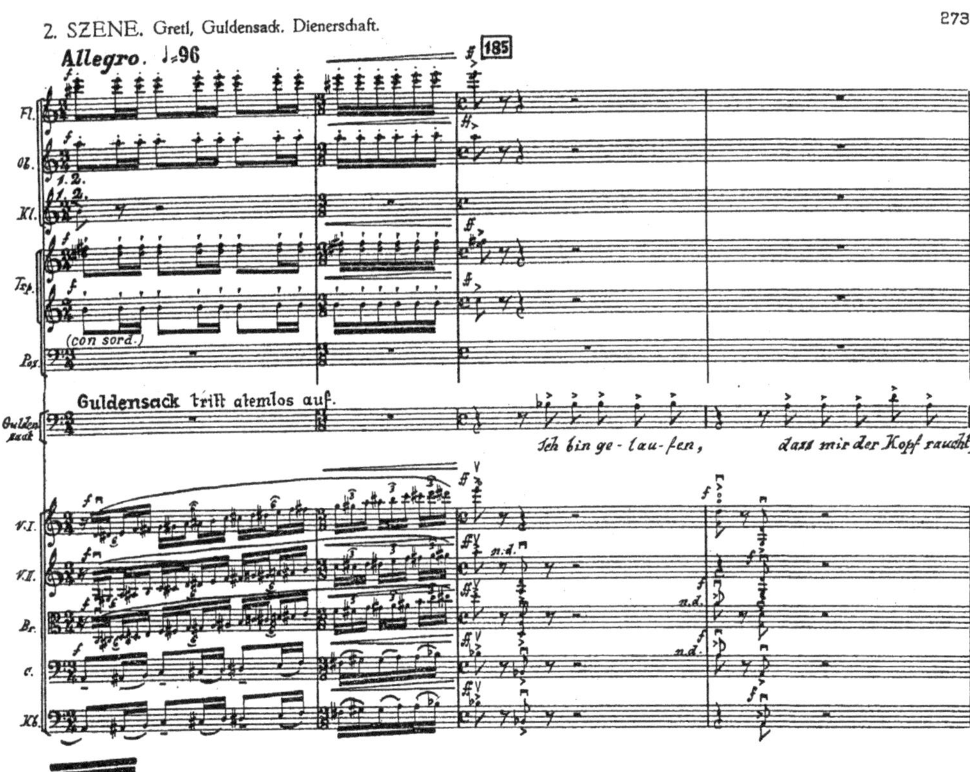

Werner Egk, Die Zaubergeige. Spieloper in drei Akten nach Pocci von Ludwig Andersen und Werner Egk, Partitur, Mainz 1935, zweiter Akt, zweite Szene, T. 1–3

Die Auftritte des Guldensack lassen sich als sorgfältig ausgeklügelte Studie interpretieren, in der die Hauptgründe der Judenverfolgung über Jahrhunderte (Christusmord und Wucherei) und der daraus abgeleitete Antisemitismus der NS-Ideologie verarbeitet wurden.

Musikalisch verwendete Egk an dieser Stelle Techniken und Klangfarben, die er bereits in seiner Skizze *Judenmusik* erprobt hatte, mit dem Ziel, die Andersartigkeit des Guldensack hör- und damit erfahrbar zu machen.

Egk hält sich in der vordergründigen Simplizität der Sprache und gleichzeitigen hintergründigen Komplexität der Semantik sowohl die Vorführung des Judentums als auch den harmlos-gefälligen Opernstoff offen. Nicht zufällig war die Oper sowohl während der NS-Diktatur als auch nach deren Ende er-

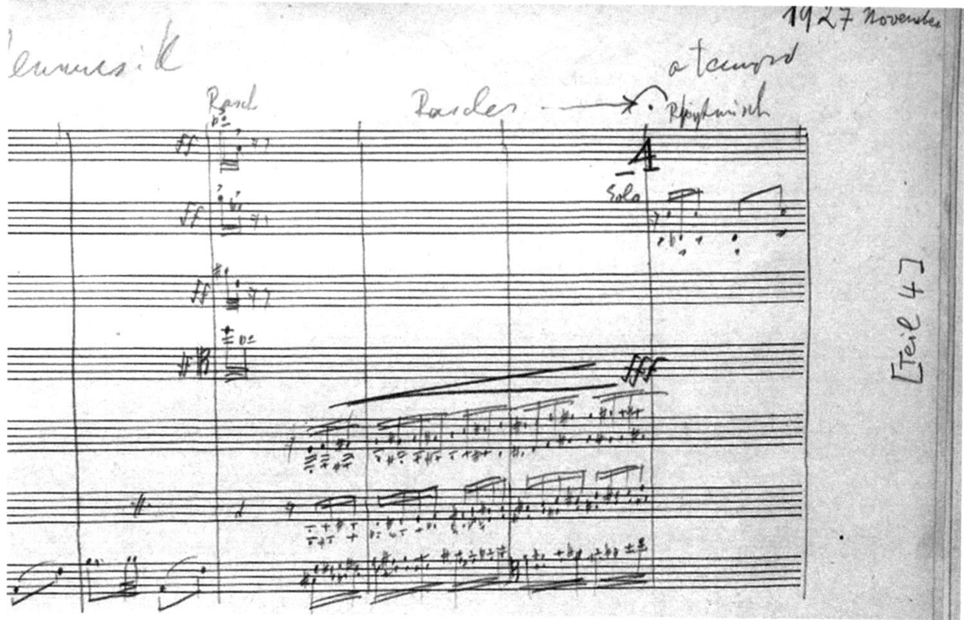

Werner Egk, Judenmusik, Partitur, in: 10 Pieces, BSB Mus.ms. 17529, T. 5–7

folgreich, wie Egk in seinem Interview mit Troschke stolz betonte.[322] Egks autobiografische Erzählung über die Entstehung des Textes zur Oper, die Uraufführung und die Folgen erscheint in einem völlig anderen Licht, wenn man sich bewusst macht, dass mit Guldensack in der NS-Zeit einmalig eine antisemitische Figur auf der Opernbühne stand[323] und subtil, aber dennoch offen für jeden, der es begreifen konnte und wollte – und das waren in erster Linie fanatische Antisemiten oder aber Juden selbst – antisemitische Hetze betrieben wurde. Das trug der »Säuberung« des Kulturbetriebs Rechnung, indem es jüdischen sowie regimekritischen Musikern, Sängern und Dirigenten im Grunde unmöglich war, an dieser Oper mitzuwirken, die für das Gros des Publikums lediglich gute Unterhaltung war. Es ist unwahrscheinlich, dass Egk das

[322] Vgl. Troschke, »Interview mit Werner Egk«, [39:22], Webseite; vgl. auch: Egk, *Die Zeit wartet nicht*, S. 231 f; vgl. Braunmüller, »Aktiv im kulturellen Wiederaufbau«, S. 57, auch Braunmüller sieht eine Zweideutigkeit, die eine Spielbarkeit in der späteren Bundesrepublik ermöglichte.

[323] Vgl. Braunmüller, »Aktiv im kulturellen Wiederaufbau«, S. 56; vgl. auch Jürgen Schläder, Rasmus Cromme, Dominik Frank und Katrin Frühinsfeld (Hrsg.), *Wie man wird was man ist. Die Bayerische Staatsoper vor und nach 1945*, Leipzig 2017, S. 274.

nicht bewusst gewesen ist. Während der Proben und der Uraufführung von *Die Zaubergeige* logierte er zudem bei einer »jüdisch versippten« Bankiersfamilie – das ist unter Punkt 2.1.2 ausführlicher dargelegt.

4.3.6 *Wirkung*

Zum einen ist fraglich, ob Egk seine Stabübernahme an der Preußischen Staatsoper Berlin in richtiger Form wiedergibt. Zum anderen bleibt unklar, ob es ein Zufall war, dass der Dirigent Hans Swarowsky – dem von Generalintendant Heinz Tietjen jüdische Abstammung nachgesagt worden sein soll und der von seiner jüdischen Frau geschieden war[324]– im Februar 1936 kurz vor der Generalprobe zur Aufführung der *Zaubergeige* und nach »Unebenheiten im Orchester«[325] erkrankt sein sollte. Mit Bestimmtheit erhielt Egk die Gelegenheit, an Swarowkys Stelle die viel beachtete Aufführung zu dirigieren.[326] Bereits im darauffolgenden Monat unterschrieb er beim Generalintendanten und Förderer Heinz Tietjen, der ihn »in jeder Weise für einen Mann der Zukunft hält«,[327] einen Vertrag zum Kapellmeister an der Preußischen Staatsoper Berlin. Gegen Swarowsky wurde im selben Jahr ein Berufsverbot verhängt.[328]

> Die »Zaubergeige« hatte uns mehr Glück gebracht, als wir uns träumen ließen. Ich war von Anfang an merkwürdig stark von dem Stoff beeindruckt, ohne mir voll bewußt zu werden, woher die Beeindruckung kam. Die »Zaubergeige« scheint auf den ersten Blick heiter, naiv und erfüllt

---

324 Vgl. Corina Kolbe, »Der Dirigent, der spionierte. Hans Swarowsky zwischen Zürich und dem ›Dritten Reich‹, in: *Neue Züricher Zeitung*, 23.11.2019, www.nzz.ch/feuilleton/hans-swarowsky-drahtseilakte-zwischen-zuerich-und-dem-dritten-reich-ld.1523308 [abgerufen am 21.3.2024].

325 Egk, *Die Zeit wartet nicht*, S. 246; in der Begründung zum Urteil vom 17. Oktober 1947 bei der Spruchkammer München lautet es so: »Bei der Hauptprobe erregte der Dirigent Swarowsky durch einige Entgleisungen den Unwillen des Generalintendanten Tiedjen [sic], sodass dieser Egk vorschlug, selbst zu dirigieren.«, StAM/Karton 339, Begründung des Urteils vom 17. Oktober 1947.

326 Vgl. Egk, *Die Zeit wartet nicht*, S. 246ff.

327 Ebd., S. 251.

328 Vgl. »Hans Swarowsky. Musik, Kultur und Politik im 20. Jahrhundert«, in: *Institut für Musikwissenschaft und Interpretationsforschung, Universität für Musik und darstellende Kunst Wien,* www.mdw.ac.at/imi/?h=swarowsky&PageId=3967#nach%20oben [abgerufen am 21.3.2024].

> von einer ungebrochenen, eher vordergründig-bayerischen Lebensfreude. Handlungen und Charaktere sind klar, so einfach, dass jedes Kind sie verstehen kann. Ist die »Zaubergeige« also eine kindliche Oper, eine simple Geschichte? In gewissem Sinne ja. Wenn aber einer den finalen Sonnenschein für den Schlüssel hält, hat er falsch geraten.[329]

Diese rätselhafte Frage formulierte Egk in seiner Autobiografie, um dann zur Figur des Kasperls zu schwenken, der für seine Mildtätigkeit belohnt wird, »die preziöse, in Milch gebadete Dame Ninabella« ohne Reue zurücklässt, um im einfachen Leben sein Glück zu finden.[330] Egk gibt also keine plausible Antwort drauf.

Im Interview mit Harald Troschke ließ Egk seine Ängste vor der Uraufführung der Oper Revue passieren und erzählte:

> Nun waren damals doch ganz andere Verhältnisse als früher [vor der Machtergreifung]. Man hat ein bisschen gezittert, wie werden also sich die jetzt maßgebenden Leute, dic Kulturpäpste wie zum Beispiel – na, ich will keine Namen nennen, die gibt's ja alle noch – wie werden die sich jetzt verhalten. Nachdem es sich um ein Stück von Pocci gehandelt hat, also überhaupt keinen weltanschaulichen Akzent hatte, nicht wahr, es war zwar kein Heldenepos, aber man konnte doch entschuldigend sagen, nicht, letzten Endes basiert auch das Stück von Pocci wieder auf den Märchen von Grimm, und da ist doch was sehr Schönes drin, was ihr alle anerkennt. Kurz und gut, es gab nicht irgendeinen Grund von vornherein, um das Stück abzulehnen.[331]

Die NS-Musiktheater-Politik duldete übertriebene und triviale Propaganda auf der Opernbühne nicht. Die Ästhetik der Oper sollte von plakativer Ideologisierung ungetrübt bleiben. Vordergründig sollte Liberalität demonstriert und das bürgerliche Opernpublikum nicht vergrault werden.[332] Dass Egk – in einer Zeit der massiven Hetze gegen Juden – entgegen diesen Vorgaben eine offen erkennbar jüdische Figur auf der Opernbühne platzierte, musste bei der

329 Egk, *Die Zeit wartet nicht*, S. 254.
330 Vgl. ebd.
331 Troschke, »Interview mit Werner Egk«, [37:37], Webseite.
332 Vgl. Schläder, Cromme, Frank und Frühinsfeld, *Wie man wird was man ist*, S. 278.

Uraufführung zu einer Spannung führen, die »ein bißchen zittern« ließ. Sicher hätten oder haben Entscheidungsträger der NS-Kulturpolitik das Grimm-Märchen *Der Jude im Dorn*, das Grundlage für Poccis und damit auch Egks *Die Zaubergeige* war, grundsätzlich anerkannt: die darin enthaltenen Stereotype und die Handlung, nach der ein Bauernknecht mit seinem Geigenspiel einen Juden bezwingt, der schließlich am Galgen gehängt wird, haben einen ausgesprochen antisemitischen Akzent.

Egk konnte mit dieser Oper zweierlei erreichen: Einerseits trug er hintergründig zur Reinigung des Kulturbetriebs von den in seinen Augen abartigen und zu dominanten Juden[333] bei. Andererseits entsprach die Oper von der relativen Zurückhaltung in der Darstellung des Juden Guldensack bis zur Figur der hingebungsvollen Gretl, vom kindlichen Antiintellektualismus bis hin zum bäuerlichen Milieu gänzlich der NS-Ideologie.

Egk zielte in der oben zitierten Interview-Aussage zudem beiläufig auf all diejenigen ab, die genau wie er selbst von den Kontinuitäten im Nachkriegsdeutschland profitierten. Er nannte keine Namen und stellt somit sämtlichen Größen des Kulturlebens, die nach dem Entnazifizierungsverfahren ihre Karrieren weiterverfolgen konnten – sich selbst freilich ausgenommen – unter den Generalverdacht, im »Dritten Reich« »maßgebend« gewesen zu sein. Dieses Narrativ bediente er bereits 1946. Das wird in dem unter Punkt 7.3 vollständig wiedergegebenen Briefzitat deutlich, in dem Egk »Karajan, Böhm, Furtwängler und die andern symphonischen und Opernschwergewichtler« als »Nazischweine« bezeichnete. Sich selbst nennt er süffisant einen »reinen Engel«[334]. Es ist unwahrscheinlich, dass Egk selbst in vollem Umfang von diesem Wortlaut überzeugt war bzw. dass der Wortlaut nicht bewusst gewählt hat, um von sich abzulenken und sich als völlig unbedarft zu inszenieren.

Weitere Aspekte zur Figur des Guldensack, zum Frauenbild, zu Hintergründen sowie ein Inszenierungsvergleich von Aufführungen während und nach dem »Dritten Reich« an der Bayerischen Staatsoper werden im Kapitel »Werner Egk« im Buch *Wie man wird was man ist* detailliert herausgearbeitet.[335] Die Autoren kommen darin zum Schluss, dass Egk seine Werke der herrschenden Ideologie aus finanziellen und karrieristischen Gründen angepasst

333 Vgl. Punkt 2.1.1.

334 Vgl. Brief von Werner Egk an Trude Becker vom 2. Oktober 1946, BSB/Ana 410; Auszug wiedergegeben hier unter 7.3.

335 Schläder, Cromme, Frank und Frühinsfeld, *Wie man wird was man ist*, S. 274ff.

habe, dabei aber nie ein überzeugter Nationalsozialist gewesen sei.[336] Im Ganzen liegt jedoch der Schluss nahe, dass Egk mehr als ein Opportunist war: Er arbeitete auf seine Art daran mit, einen »sauberen« Kulturbetrieb in Deutschland zu schaffen.

4.4 *Olympische Festmusik*

Werner Egk ignoriert in der Zeittafel seiner Autobiografie[337] sein »erstes größeres Orchesterwerk, das nichts mehr mit der Bayerischen Folklore und ihren interessanten Metren zu tun hatte«[338], die *Olympische Festmusik*, eine Ballettmusik bestehend aus vier Teilen[339]. Es handelt sich dabei um einen Staatsauftrag, mit dem ihn das *Deutsche Nationale Olympische Komitee* zur Eröffnungsfeier der XI. Olympiade betraut hatte.[340]

Im Text der Autobiografie tut er das Projekt im Grunde als Farce ab, in der alles andere wichtiger gewesen sei als seine Musik.[341]

Vor der Uraufführung (1. August 1936) scheint Egk schon mit Ludwig Strecker über die Möglichkeit einer Herausgabe einzelner Teile verhandelt zu haben. Egk schrieb am 26. Juni 1936 an Strecker:

> Von der Olympia Musik käme für eine Veröffentlichung ›Waffentanz‹ und ›Totenklage‹ in Frage. Diese beiden Stücke sind im Konzert möglich ebenso aber auch bei Heldengedenkfeiern und Feierlichkeiten ähnlicher Art wie sie jetzt ja ziemlich im Schwung sind. Lassen Sie sich doch beim Olympi-

---

336 Vgl. ebd., S. 279.

337 Vgl. Egk, *Die Zeit wartet nicht*, S. 554.

338 Ebd., S. 257.

339 Vgl. Egk, *Verzeichnis der veröffentlichten Werke*, S. 32; Es sei hier verwiesen auf die Ausführungen von Albrecht Dümling, »Von Weltoffenheit zur Idee der NS-Volksgemeinschaft. Werner Egk, Carl Orff und das Festspiel *Olympische Jugend*«, in: *Werner Egk: Eine Debatte zwischen Ästhetik und Politik*, hrsg. von Jürgen Schläder, München 2008 (Münchner Universitäts-Schriften. Studien zur Münchner Theatergeschichte, Bd. 3), S. 5–32.

340 Vgl. Prieberg, *Musik im NS-Staat*, S. 273.

341 Vgl. Egk, *Die Zeit wartet nicht*, S. 257ff.

> schen Komitee Büro Dr. Niedecken [...] diese beiden Platten einmal vorführen.[342]

Egk versuchte geschäftstüchtig zwei Titel aus der *Olympischen Festmusik* als Gebrauchsmusik für politisch motivierte Veranstaltungen anzubieten. Ludwig Strecker ist darauf wohl nicht eingegangen. Im September 1936 schrieb Egk an Elisabeth von Verhandlungen mit Strecker über die »Olympische Musik«.[343]

Mittlerweile hatte sich anscheinend herumgesprochen, dass von Egk Musik für NS-Veranstaltungen zu bekommen war. Im Mai 1937 konnte Egk nach längerer Verzögerung[344] endlich von Berlin zu seiner Familie nach München fahren, und gab seiner Vorfreude Ausdruck.[345] Für den Tag seiner Ankunft hatte die Gauleitung München jedoch jemanden zwecks eines Auftrags zu ihm nach Hause abkommandiert. Das schien Egk gar nicht zu passen, und er schrieb am Tag vor seiner Heimkehr: »Die Gauleitung München will absolut eine Musik von mir, sie haben schon 4x angerufen. Jetzt schicken sie mir morgen einen Kerl auf den Hals.«[346]

4.5 *Peer Gynt*

4.5.1 *Der Stoff*

Im Interview mit Harald von Troschke erklärte Werner Egk die verworrene Suche nach einem Stoff für seine neue Oper.[347] Die Vorlage *Peer Gynt* sei ihm letztlich passend erschienen, da sie seiner Ursprungsidee eines Verlorenen-Sohn-Stoffs nahegekommen sei. Die Oper sei zunächst abgelehnt worden, es habe sich dann alles wieder eingepegelt. Egk blieb im Interview nicht lange bei *Peer Gynt*, sondern ging schnell zu seiner nächsten Oper *Circe* über. In seiner Autobiografie erklärt er die Entscheidung für den *Peer Gynt*-Stoff anders:

342 Brief von Werner Egk an Ludwig Strecker vom 26. Juni1936, BSB/Ana 800.B.I.Egk, Werner, Mappe 8033.
343 Brief von Werner Egk an Elisabeth Egk vom 30. September 1936, StA-Don/WE-K-2-10.
344 Brief von Werner Egk an Elisabeth vom 1. Mai 1937, StA-Don/WE-K-2-11.
345 Vgl. Brief von Werner Egk an Elisabeth vom 11. Mai 1937, ebd.
346 Ebd.
347 Troschke, »Interview mit Werner Egk«, [42:47], Webseite.

Der Dirigent Clemens Krauss habe ihm einen längeren Vortrag über Operngeschichte und Calderón gehalten, Egk habe aber trotz des bestechenden Vortrags über Calderón an Ibsen gedacht.[348] Er schrieb:

> Jetzt war ich besessen von der Idee, daß sich die Oper seit ihren Anfängen auch als »Reinigung« in Form einer an die Musik gebundenen Zeremonie gezeigt hat, als kritischer Prozeß, bisweilen sogar als Antizipation des »Jüngsten Gerichts«, bei welchem [...] die Schafe von den Böcken geschieden werden.[349]

Als »gemeinsamen Orgelpunkt« zwischen Ibsens Drama und seiner Oper sah er die Wahlfreiheit, »mit dem Trollblick zu schielen oder mit Menschenaugen zu schauen, sich mit Aas zu ernähren oder der Speise der Götter, ein Schubjak[350], ein schiefes Gesicht, eine Maske oder ein Mensch zu sein.«[351] Er spricht von der Opernmusik und deren Ausdrucksspannweite vom »niederträchtigen Idiom der Trollwelt bis zur schmetternden Sprache des Gerichtstages«[352] und betont die deutliche Botschaft des Stückes an das Publikum: »Hier ist eine Tatsache, um die du dich kümmern solltest.«[353] Das macht deutlich, dass Egk mit dieser Oper ein ultimatives und klares Statement setzen wollte. Es konnte ihm kaum entgangen sein, dass *Peer Gynt* das Lieblings-Sujet von Dietrich Eckart, Hitlers Freund und Mentor, gewesen war, dem Hitler in Verehrung (»der Besten Einer«[354]) den zweiten Band von *Mein Kampf* gewidmet hatte.[355] An Eckarts Nachruhm war Hitler und der Parteispitze sehr gelegen.[356] Aufführungen von Eckarts *Peer Gynt* sollen nicht selten zur NSDAP-Propagan-

348 Egk, *Die Zeit wartet nicht*, S. 263ff.

349 Ebd., S. 266.

350 Bedeutung: abwertend Schuft, Lump; vgl. »Schubiak«, in: *Digitales Wörterbuch der deutschen Sprache*, www.dwds.de/wb/Schubiak [abgerufen am 21.3.2024].

351 Egk, *Die Zeit wartet nicht*, S. 271.

352 Ebd., S. 270f.

353 Ebd., S. 271.

354 Hitler, *Mein Kampf*, S. 781.

355 Vgl. Elke Kimmel, »Eckart, Dietrich«, in: *Handbuch des Antisemitismus. Judenfeindschaft in Geschichte und Gegenwart*, Bd. 2/1, hrsg. von Wolfgang Benz, Berlin [u. a.] 2009, S. 196f.

356 Vgl. Margarete Plewnia, *Auf dem Weg zu Hitler. Der völkische Publizist Dietrich Eckart*, Bremen 1970 (Studien zur Publizistik, Bd. 14), S. 8f.

daveranstaltung geraten sein.[357] Der 1923 verstorbene, antisemitische Ideologe Eckart hatte Henrik Ibsens dramatisches Gedicht ins Deutsche übertragen und es mit Edvard Griegs Musik für die Bühne eingerichtet. Eckart beschrieb in seiner Einführung zu seiner Übertragung, inwiefern er mit Griegs Musik zur Trollszene unzufrieden war:

> Der Tanz der Trolle ist der entschiedene Ausdruck dafür, daß sie ihre Seele in der Weltlust ganz vergessen haben. Griegs Musik scheint mir hier noch viel zu viel »Geist« zu besitzen. Die gemeinste Sinnlichkeit müßte im Trolltanz zur Geltung kommen, etwa, wie wir es v o r dem Feldzug an den bekannten vertierten Tänzen erlebten und n a c h ihm nur zu leicht wieder erleben werden, wenn den »Trollen« nicht doch das Handwerk gelegt wird.[358]

Es sei davon ausgegangen, dass es seitens Egk Kalkül war, sich dieses Stoffes zu bedienen; es dürfte ihn gereizt haben, Grieg zu übertrumpfen, und er erwartete wohl, Hitler mit dieser Oper auf sich aufmerksam zu machen. Er arbeitete in seiner Textversion den Unterschied zwischen den sogenannten nordischen und minderwertigen Rassemerkmalen heraus, wobei er der Trollwelt mehr Aufmerksamkeit und musikalische Kreativität zukommen ließ als den übrigen Szenen. Egk schrieb in seiner Regieanweisung: »Die Trolle dürfen keinesfalls als Fabelwesen wirken, […], sondern als eine erschreckende Verkörperung menschlicher Minderwertigkeit.«[359] Dies korrespondiert mit den

---

357 Vgl. Boguslaw Drewniak, *Der deutsche Film 1938–1945. Ein Gesamtüberblick*, Düsseldorf 1987, S. 562f.

358 Dietrich Eckart, *Peer Gynt. In freier Übertragung für die deutsche Bühne eingerichtet, mit Vorwort und Richtlinien*, München 1916, S. 46.

359 Werner Egk, *Peer Gynt. Oper in drei Akten in freier Neugestaltung nach Ibsen*, Klavierauszug von Hans Bergese, Mainz 1938/1966, S. 69; Egk in der Anweisung: »Die Trolle dürfen keinesfalls als Fabelwesen wirken, trotzdem sie alle mit einem beliebigen Tierschwanz geschmückt sind, sondern als eine erschreckende Verkörperung menschlicher Minderwertigkeit. Man muss sich in eine Versammlung von Strebern, Pedanten, Beschränkten, Rohlingen, Sadisten und Gangsters aller Schattierungen versetzt glauben. Sie tragen heruntergekommene menschliche Kleidung, zum Teil Bestandteile bürgerlicher Kleidung, zum Teil veraltete oder abgelegte Amtstrachten oder Uniformstücke.«; vgl. auch Dümling, *Anpassungsdruck und Selbstbehauptung*, S. 46.

Ausführungen von Dietrich Eckarts Schüler Alfred Rosenberg[360], der beispielsweise in seinem Artikel »Der Schicksalskampf der deutschen Kultur« (1928) schrieb:

> Heute ist aus den Tiefen der uns alle verseuchenden Weltstädte der Untermensch heraufgestiegen. Millionen von Bastarderscheinungen sind auf den Asphalt geworfen, arm an Raum, emotionalisiert, richtungslos preisgegeben jeder schillernden Demagogie, geführt naturgemäß vom ›wunderlichen Sohn des Chaos‹, der folgerichtigerweise dem gesamten Europäertum heute in seiner Weltpresse Mulatten- und Negerkultur als die höchsten Errungenschaften der Jetztzeit aufzutischen wagt.[361]

4.5.2 *Uraufführung*

Im September 1938 vollendete Egk seine Oper *Peer Gynt*, die Proben zur Uraufführung an der Preußischen Staatsoper Berlin begannen am 31. Oktober. Mit dieser Oper brachte Egk ein Politikum auf den Weg, und es wirkt, als hätte er eben darauf abgezielt. Anfang November hatte Egk ein Gespräch mit »Heinz« – vermutlich Heinz Drewes – der ihm zusicherte, bei Schwierigkeiten mit der Oper P. G. (*Peer Gynt*) durchwegs für ihn erreichbar zu sein.[362] Am 3. November war Egk zu einer Pressekonferenz in das *Haus der deutschen Presse* eingeladen, eine Idee des Propagandaministers, um die Verständigung zwischen Musikschaffenden und Kunstrezipierenden zu fördern.[363] In seinem Brief an Elisabeth vom selben Tag schwärmte Egk von seinem Auftritt: »Der Clou des Tages war meine Rede bei der Presse.« Während »bei den andern beiden Rednern immer Gemurmel und Privatunterhaltung war«, sei es bei ihm »mäuschenstill« gewesen. Weiter berichtete er:

---

360 Vgl. Holger Germann, *Alfred Rosenberg. Sein politischer Weg bis zur Neu- (Wieder-) Gründung der NSDAP im Jahre 1925*, London 1988, S. 7–40.

361 Alfred Rosenberg, »Der Schicksalskampf der deutschen Kultur«, in: *Der Weltkampf. Monatsschrift f. Weltpolitik, völkische Kultur u. die Judenfrage aller Länder*, V / H. 53 (1928), S. 194.

362 Vgl. Brief von Werner Egk an Elisabeth Egk vom 3. November 1938, StA-Don/WE-K-2-12.

363 Vgl. Egk, *Die Zeit wartet nicht*, S. 300; vgl. auch: Prieberg, *Handbuch deutsche Musiker*, S. 1312, Prieberg nennt als Datum den 2. November 1938.

> Wiall, den ich unerkannt ins Publikum gesetzt habe hat gesagt dass sogar Abendroth[364] und Burgartz[365] weich geworden sind, nur einer nicht nämlich der von der »Musik«. Strobl [Heinrich Strobel][366] hat zu Wiall[367] gesagt ich wäre eine Intelligenzbestie, weil ich so nach jeder Seite hin unangreifbare Formulierungen gefunden hätte die mir eigentlich alle Sympathien gegeben hätten. [...] Der Bade vom Propa hat bei allen meinen Pointen schallend gelacht und ganz wie ein Busenfreund von mir gewirkt. Hinterher hat er gesagt ich hätte ja ein scharfes Florett gezogen worauf ich bemerkt habe: »Hoffentlich nicht gegen die verkehrte Seite« Antwort: O nein, im Gegenteil![368]

Beim »Bade vom Propa« handelt es sich um Wilfrid Bade, Ministerialrat im Reichspropagandaministerium.[369] Es scheint, als wäre Bade dazu angehalten worden, Egk mit seiner Zugewandtheit zu protegieren. Egk zufolge sei es ihm gelungen, den passenden Ton anzuschlagen und die maßgebenden Leute von sich zu überzeugen. Zu erkennen ist, dass ein Erfolg Egks vom Propagandaministerium gewünscht war. Es mag zutreffen oder nicht, dass Egk auf die Frage nach dem Kostüm des Obertrolls »Stecken Sie einen fetten Statisten in Gene-

364 Walter Abendroth war Musikschriftsteller und Komponist mit nationalsozialistischer Gesinnung; vgl. Friedrich Geiger, »›Can be employed‹: Walter Abendroth im Musikleben der Bundesrepublik«, *in: Deutsche Leitkultur Musik? Zur Musikgeschichte nach dem Holocaust*, hrsg. von Albrecht Riethmüller, Stuttgart 2006, S. 131–142, hier S. 131.

365 Alfred Burgartz war regimekonformer Musikschriftsteller; vgl. Prieberg, *Handbuch deutsche Musiker*, S. 834f.

366 Der Name des Musikschriftstellers Heinrich Strobel taucht in den erhaltenen Briefen an Elisabeth erstmalig Ende 1936 auf, zu der Zeit muss er mit Egk bereits näher befreundet gewesen sein, denn Egk schreibt: »Strobel lässt Orff auch grüssen und sagt der Dreck wird schon spritzen wenn die Burana [*Carmina Burana*] gespielt wird hier.«, Brief von Werner Egk an Elisabeth Egk vom 23. September 1936, StA-Don/WE-K-2-10; Egk erwähnt in weiteren Briefen einige Zusammentreffen mit Strobel bzw. Strobels und gibt Grüße an Elisabeth weiter. Letzter Brief mit Erwähnung: Juni 1942.

367 Konnte nicht ermittelt werden.

368 Vgl. Brief von Werner Egk an Elisabeth Egk vom 3. November 1938, StA-Don/WE-K-2-12.

369 Vgl. Klee, *Das Kulturlexikon zum Dritten Reich*, S. 25; Bade schrieb bereits 1933 eine Goebbels-Biographie und im selben Jahr das Buch *Die SA erobert Berlin: ein Tatsachenbericht*, die beide in München verlegt wurden.

ralshosen, ziehen sie ihm ein Netzhemd über und dekorieren Sie das mit einer Menge Orden und Ehrenzeichen, dann haben Sie ein perfektes Kostüm!«[370] geantwortet hat, wie er es in seiner Autobiografie ausführt. Für diesen Wortlaut müsste er von den Nationalsozialisten bereits sehr hoch im Kurs gestanden haben, denn andernfalls hätte sich Bade nicht über eine solche – öffentliche – Äußerung amüsiert, und es hätte Konsequenzen für Egk gehabt, waren doch Ironie, Satire, Karikatur oder Parodie von der NS-Kulturpolitik aus doch unerwünscht.[371] Somit bestand wohl kein Zweifel daran, dass Egk auf der Seite des Propagandaministeriums und der Nationalsozialisten stand. Wenn Egk diese Episode als Beweis dafür zitiert, dass er ein Widerständiger gewesen sein soll, so ist die Aussage entweder nachträglich konstruiert oder zu seinen Gunsten verzerrt worden.

Einige Tage später suchte Egk Edwin von der Nüll[372] auf: Wenige Wochen zuvor hatte dieser im *Stern* einen Artikel über Wilhelm Furtwängler veröffentlicht, außerdem war eine überschwängliche Besprechung der Aufführung von Richard Wagners *Tristan und Isolde* unter Herbert von Karajan an der Berliner Staatsoper erschienen, die das geflügelte Wort vom »Wunder Karajan« in die Welt setzte.[373] Wahrscheinlich erwartete Egk sich vom Musikschriftleiter der *Berliner Zeitung (BZ) am Mittag* eine positive fachkundige Pressemitteilung über seine neue Oper. Egk sah seine Musik von Edwin von der Nüll jedoch vollkommen missverstanden. Er schrieb an Elisabeth:

> Neulich war ich bei Nüll. Er will alles so gross herausbringen als irgend möglich. Trotzdem habe ich bei diesem Besuch gespürt, von wieviel Missverständnissen das Stück und die Musik bedroht sind. Denk nur unsern Schlussi ›Schlaf nun‹ etc. hat er im Ernst als Ironie verstanden!! Das mit den Musikbetrachtern ist einfach hoffnungslos! Da ist der Punkt wo Du

---

370 Egk, *Die Zeit wartet nicht*, S. 302.

371 Vgl. Geiger, »Affirmation und Ausgrenzung«, S. 356.

372 Edwin von der Nüll, geb. 1905, war Musikwissenschaftler und Musikkritiker, der sich vornehmlich mit der Theorie der Neuen Musik beschäftigte; vgl. Friedrich Geiger, »Edwin von der Nüll – ein Bartók-Forscher im NS-Staat«, in: *Musikforschung – Faschismus – Nationalsozialismus*, hrsg. von Isolde von Foerster, Christoph Hust und Christoph-Hellmut Mahling, Mainz 2001, S. 359–371.

373 Vgl. Prieberg, *Handbuch deutsche Musiker*, S. 4966ff.

am meisten pensare [denken] musst. Diese Leute sind krummer als der krümmste Troll. Es fehlt ihnen jede Naivität jeder Glaube![374]

In seiner Autobiografie bezeichnete Egk den 1945 in den letzten Kriegstagen gefallenen Edwin von der Nüll[375] als »Freund« und schrieb ihm fast dreißig Jahre nach seinem Tod einen persönlichen Nachruf, der keinen Zweifel daran lassen sollte, auf welcher Seite Egk selbst gestanden hatte:

> Lieber, mutiger, töricht tapferer, lebensfroher Freund von der Nüll! Sie hatten dich schon lange aufs Korn genommen, im Januar hatten sie dich im Visier, bald nach Kriegsbeginn wurdest du als entbehrlich eingezogen und warst unter den ersten Opfern des Wahnsinns. Sie haben dich, wie sie selbst zu sagen pflegten, abgeschossen. Heute weiß kaum noch einer, woran du gestorben bist, ich aber vergesse es nicht.[376]

4.5.3 *Erfolg*

Die Uraufführung von *Peer Gynt* am 24. November 1938 rückte näher. Ludwig Strecker kündigte eine Woche vorher sein Kommen an und fieberte spürbar mit: »Meine Spannung ist größer als je, aber auch meine Freude, das Ereignis mit Ihnen zu erleben.«[377], schrieb er aus Mainz.

Die Vorstellung war ein Erfolg. Am 5. Dezember schrieb Egk an Ludwig Strecker:

> Am Mittwoch bin ich bei Schlösser, der mir schon telefonisch gratulierte und sehr begeistert war und am Do bei Drewes. Schlösser sagte mir er habe schon eine Reihe offizieller Massnahmen ergriffen um die Kritik im Angriff[378] zu paralysieren. Genaueres höre ich Mittwoch. Drewes sprach ich noch nicht, doch sagte mir Schlösser, dass er mit ihm zusammen war und

---

374 Brief von Werner Egk an Elisabeth Egk vom 9. November 1938, StA-Don/WE-K-2-12.

375 Vgl. Prieberg, *Handbuch deutsche Musiker*, S. 4966.

376 Egk, *Die Zeit wartet nicht*, S. 306f.

377 Brief von Ludwig Strecker an Werner Egk vom 17. November 1928, BSB/Ana 800.B.I.Egk, Werner, Mappe 8065.

378 *Der Angriff*, Gauzeitung der Berliner NSDAP, herausgegeben von Joseph Goebbels; vgl. Walther G. Oschilewski, *Zeitungen in Berlin. Im Spiegel der Jahrhunderte*, Berlin 1975, S. 168 ff.

> dass er ebenso positiv zu dem Werk stünde, wie er. So viel er mir weiter sagte würde vom Propag. Min. [Propagandaministerium] an alle wichtigen Bühnen Empfehlungsschreiben verschickt!![379]

Ludwig Strecker antwortete in einem ungewöhnlich offenen Tonfall:

> Zwei Gewährsleute – ich darf Ihnen die Namen nicht nennen, sie sind aber zuverlässig – haben erzählt, dass Drewes vor dem Schluss der Uraufführung mit allen Zeichen des Protestes weggegangen sei. Nach allem, was Sie mir erzählt haben, bringe ich allerdings diese Sache nicht rund. In der Generalprobe war er doch auch? Und darnach noch freundlich. Und auf einmal soll er ein anderes Herz entdeckt haben! Möglich ist ja alles und die Überzeugung tritt manchmal hinter den Taktiken oder grundsätzlichen Erwägungen zurück. Ich selbst habe beobachtet, dass gegen Schluss ein hoher, braun uniformierter Beamter zusammen mit einem Zivil-Begleiter aus dem Hause ging. Ich kann nicht sagen, dass ich Anzeichen des Protestes bemerkt hätte; ich habe es aber so aufgefasst. Ich kannte die Herren nicht; sie sassen auf dem Balkon, wo auch Ihre Gattin sass, nur sehr viel näher an der Bühne in der zweiten oder dritten Reihe. Vielleicht, dass hier irgend ein Zusammenhang bestand; vielleicht aber auch, dass alles zufällig und harmlos war. Ich weiss es nicht. Ich habe Ihnen meine Beobachtung damals nicht gesagt. Ich halte es aber heute für interessant und wichtig, dass man versucht, sich Klarheit zu verschaffen, was und wie gespielt wird. Ist Ihnen übrigens bekannt, dass der Kritiker im ›Angriff‹ – Erich Röder – Programm-Berater im Propagandaministerium ist und ausserdem zu den Mitarbeitern von Drewes gehört? […][380]

Egk reagierte am 12. Dezember und schrieb Ludwig Strecker unter anderem:

> Herr Roeder, der Kritiker im Angriff[381] und Referent der Musikprüfstelle im Propa ist wurde amtlich gemassregelt. Es wurde ihm auferlegt nichts

379 Brief von Werner Egk an Ludwig Strecker vom 5. Dezember 1938, BSB/Ana 800.B.I.Egk, Werner, Mappe 8107; vgl. auch Dümling, *Anpassungsdruck und Selbstbehauptung*, S. 47.

380 Brief von Ludwig Strecker an Werner Egk vom 7. Dezember 1938, ebd., Mappe 8065,vgl. auch Dümling, *Anpassungsdruck und Selbstbehauptung*, S. 46.

381 Gauzeitung der Berliner NSDAP; vgl. Oschilewski, *Zeitungen in Berlin*, S. 168ff.

> Nachteiliges mehr über das Stück zu verbreiten, weder schriftlich noch mündlich, widrigenfalls er abgeschossen würde. […] Göbbels [sic] wurde persönlich sowohl von Schlösser und Drewes informiert und von Tietjen. Er war wütend über den Angriff[382] und wird demonstrativ eine Peer Gynt Aufführung besuchen. Der Führer wurde bereits am Samstag nach der Premiere von Tietjen über das Stück informiert und hat einen seiner persönlichen Referenten beauftragt die zweite Vorstellung zu besuchen, was inzwischen geschehen ist. Dieser Referent hat geradezu begeistert berichtet. Der Zivilist, der die Aufführung aus Protest zusammen mit seinem Arbeitsdienstführer verlassen hat, wird der hoffnungslose Herr Spring aus Köln[383] gewesen sein. Sie können sicher sein, dass der keine Einladung in die Staatsoper mehr bekommen wird. […][384]

Diese Briefe verdeutlichen die vertrauensvolle Zusammenarbeit zwischen Ludwig Strecker und Werner Egk, der dem älteren Freund in fast kindlicher Manier von seinen Erlebnissen und Erfolgen berichtete. Strecker beobachtete wiederum das Geschehen, um Egk bei Bedarf rechtzeitig über die Reaktionen von NS-Funktionären zu informieren. Überdies zeigt sich, dass Egk es nicht nur billigend in Kauf nahm, sondern Genugtuung und Stolz darüber empfand, dass dem Musikkritiker Erich Roeder, der sein Werk negativ rezensierte, damit gedroht wurde, »abgeschossen« zu werden, und dass ein Intendant, der sein Missfallen bekundete, in Zukunft nicht mehr in die Staatsoper eingeladen werden sollte.

Egk schrieb im Februar 1939 an Ludwig Strecker:

> Dr. Drewes rief eben an, dass er den Peer in Düsseldorf ansetzen will. Der Witz dabei ist, dass Intendant Krauss in Berlin bei der Premiere mit Spring

382 Vgl. ebd.

383 Alexander Spring, Intendant der Kölner Oper von 1933 bis 1945, vgl. Christoph Schwandt, »Hofmüller und der Nazi aus Weimar (1928–1944)«, in: *Oper in Köln. Von den Anfängen bis zur Gegenwart*, hrsg. von Christoph Schwandt, Berlin 2007, S. 255–306, hier S. 271f.

384 Brief von Werner Egk an Ludwig Strecker vom 12. Dezember 1938, BSB/Ana 800.B.I.Egk, Werner, Mappe 8109; vgl. auch Dümling, *Anpassungsdruck und Selbstbehauptung*, S. 46f.

> zusammen unter Protest das Lokal verlassen hat! Die Sache ist bereits mit Herrn Minister Goebbels besprochen. Na also![385]

Peer Gynt sollte der Oper Düsseldorf von oben oktroyiert werden, da der Intendant sie für sein Haus abgelehnt hatte.

Etwa Ende Februar ist Egk zu einem Empfang in der Reichskanzlei eingeladen. Begeistert schrieb er an Ludwig Strecker:

> Und nun noch ein kurzes Stimmungsbild aus Berlin. Ich hatte Gelegenheit den Führer persönlich zu sprechen und er beglückwünschte mich aufs herzlichste. Herr Dr. Goebbels sagte mir wörtlich, dass ich mich darauf verlassen könne, dass er dafür sorgen werde, dass das Stück sich nicht nur in Berlin, sondern in ganz Deutschland durchsetzt. Zu andern äusserte sich der Führer ganz übereinstimmend hervorragend. Er wolle das Stück noch vier bis fünfmal ansehen, er beneide Herrn Tietjen, dass es diesem vergönnt gewesen sei, mich zu entdecken und nicht ihm! [...] Auch er werde persönlich dafür sorgen, dass das Stück überall gespielt werde und Ähnliches mehr! Herr Dr. Goebbels gab in meiner Gegenwart Anweisung, dass bei der nächsten Peer Aufführung in Berlin neue Besprechungen im Angriff und V. B. [*Völkischen Beobachter*] erscheinen, dass beim nächsten Führerbesuch offizielle Mitteilung an die Presse gemacht würde und dass ich in Zukunft wenn mich der Schuh noch drücken sollte immer persönlich ihn erreichen könnte. Herr Dr. Schlösser sagte er würde noch 24 Briefe an die Theater schicken unter anderem mit der Mitteilung der Stellungnahme des Führers und wenn ich wollte würde er auch selbst noch einen Aufsatz schreiben und so weiter.[386]

Wenn Egk *Peer Gynt* als nordischen, von Hitlers einstigem engen Freund und Mentor Dietrich Eckart mehrfach bearbeiteten und im NS-Staat populären

385 Brief von Werner Egk an Ludwig Strecker vom 10. Februar 1939, ebd., Mappe 8116.

386 Brief von Werner Egk an Ludwig Strecker vom 6. März 1939, ebd., Mappe 8118; zuerst veröffentlicht in: Custodis und Geiger, *Netzwerke der Entnazifizierung*, S. 26; vgl. auch Dümling, *Anpassungsdruck und Selbstbehauptung*, S. 47.

Stoff in der Tat gewählt hat, um Hitler auf sich aufmerksam zu machen, so war das Vorhaben gelungen.[387] Zwei Monate später schrieb Egk in einem Brief an Elisabeth:

> [...] das Propa [Reichspropagandaministerium] hat angerufen, der Minister [Goebbels] habe meinem Dr. Drewes gemachten Vorschlag zugestimmt, dass nach dem Peer eine Einladung ist die direkt vom Propa ausgeht. Nur geladene Leute, alles was eben für mich in Frage kommt. Ich soll in der grossen Einladungsliste ankreuzeln.[388]

Es wäre interessant, welche Namen auf der »großen Einladungsliste« des Propagandaministeriums aufgeführt waren, und wen Egk zur Gesellschaft nach der *Peer Gynt*-Aufführung eingeladen hat. Die Briefe geben darüber keine Auskunft.

4.6 Jungens

Für die Musik zum Film *Jungens*[389] von Robert A. Stemmle sind im Index zwei Namen gelistet: Werner Egk und Ludwig Preiss.[390] Im Vorspann des Films erscheint indes nur der Name Werner Egk. Preiss hatte bis 1941 bereits fünf Propagandafilme mit Musik ausgestattet.[391] Möglicherweise wurde er dem in Filmmusik unerfahrenen Egk zur Seite gestellt, und zeichnete für Instrumentierung und Klavier-Arrangement verantwortlich. Egk lobt Preiss in einem Brief vom Februar 1941 gegenüber Ludwig Strecker für eine Instrumen-

---

387 Vgl. Prieberg, *Handbuch deutsche Musiker*, S. 1314; Prieberg zitiert den Regierungsrat [Fritz] von Borries, Musikabteilung des Reichspropagandaministeriums: »Dem ›Führer‹ gefiel die Oper; deswegen erschien sie nicht nur bei den Reichsmusiktagen in Düsseldorf am 19/V/39 in einer Inszenierung des Stadttheaters, sondern auch in Dresden (1939–40), Darmstadt (1940), Osnabrück (1940), Halle (1941), Prag (1941, sogar in tschechischer Sprache), Frankfurt a. M. (1941), Dresden (1942), Essen (1942), Paris (1943, in Französisch) und war für die Saison 1943 / 44 für Gera angekündigt.«.

388 Brief von Werner Egk an Elisabeth Egk vom 5. Mai 1939, StA-Don/WE-K-2-13.

389 Robert A. Stemmle, »1941 – Jungens«, Spielfilm, in: *Internet Archive*, https://archive.org/details/1941-Jungens [abgerufen am 21.3.2024].

390 Vgl. Robert A. Stemmle, »Jungens«, in: *Murnau Stiftung*, www.murnau-stiftung.de/index.php/movie/465 [abgerufen am 21.3.2024].

391 Prieberg, *Handbuch deutsche Musiker*, S. 5324f.

tation,[392] und Preiss arrangierte den *Marsch der Deutschen Jugend* von Egk für Klavier.[393] Es kann davon ausgegangen werden, dass die Musik für den Film ausschließlich von Egk stammt. Er streift den Film, der am 2. Mai 1941 zum ersten Mal gezeigt wurde,[394] in seiner Autobiografie nur kurz: Das Honorar für die Filmmusik sollte das Loch in seinem Geldbeutel stopfen, das Thema wäre harmlos gewesen, der Film unpolitisch und weltanschaulich unwirksam. Dass die Jungen im Zuge dessen ein HJ-Liedsingen sollten, habe ihn nicht gefreut, aber er habe ja keines schreiben müssen.[395] Sarkastisch fügte er an: »Ein Vierteljahrhundert später kratzte einer die Filmmusik aus dem Archivdreck, und ich avancierte vom Kulturbolschewisten zum Nazi. Karriere muss sein.«[396] Egk hat für den Film seine Vorsichtshaltung – die bei *Job der Deutsche*[397] und der Musik zu Olympia[398] noch eingehaltene Prämisse, keinen vorgegebenen Text zu vertonen – fallen gelassen. Der Text (drei Strophen mit Refrain) von Hans Fritz Beckmann[399] ist – besonders in Verbindung mit Egks Musik, die sich thematisch durch den ganzen Film zieht – programmatisch und propagandistisch:[400]

1. Es fährt ein Schiff auf dem Strom der Zeit,
   in die strahlende Zukunft hinein.
   An Bord steh'n wir, die H. J. bereit.
   Kamerad! Kamerad! Kamerad! Hast Du Mut, reih' Dich ein!

---

392 Vgl. Brief von Werner Egk an Ludwig Strecker vom 03. Februar 1941, BSB/Ana 800.B.I.Egk, Werner, Mappe 8179.

393 Vgl. Werner Egk, »Marsch der deutschen Jugend«, in: Prieberg, *Musik im NS-Staat*, S. 28f.

394 Vgl. »Jungens«, Webseite.

395 Egk, *Die Zeit wartet nicht*, S. 333f.

396 Ebd., S. 334.

397 Vgl. ebd., S. 208.

398 Vgl. Albrecht Dümling, »Werner Egk, Carl Orff und Richard Strauss. Ihr Beitrag zu Carl Diems Festspiel ›Olympische Jugend‹«, in: *Erinnerungskultur im Sport. Vom kritischen Umgang mit Carl Diem, Sepp Herberger und anderen Größen des Sports*, hrsg. von Michael Krüger, Berlin 2012 (Studien zur Geschichte des Sports, Bd. 13), S. 57–73, hier S. 65; den Text zu einer Hymne, die für die Spiele nicht verwendet wurde, schrieb Egk selbst.

399 Vgl. Prieberg, *Musik im NS-Staat*, S. 28f.

400 Ohne Zeilen-Wiederholungen wiedergegeben.

2. Auch Du darfst nicht mehr beiseite steh'n,
denn man braucht Dich, drum zögere nicht!
Greif zu! Pack an! Es muß vorwärts geh'n!
Darum tu', darum zu', darum tu', so wie wir, Deine Pflicht!

3. Es fährt ein Schiff auf dem Strom der Zeit,
das hat Glaube und Treue erbaut.
Sein Kurs ist klar: Richtung Ewigkeit.
Und wir haben, und wir haben, und wir haben uns ihm anvertraut!

Refrain:
Fahren, fahren wir! Die Fahne weht voran!
Groß-Deutschland heißt unser stolzes Schiff,
drauf steh'n wir, Mann für Mann![401]

Der NS-Propagandafilm, ein Staatsauftragsfilm nach dem Roman *Die 13 Jungens von Dünendorf* von Horst Kerutt[402], der Kinder und Jugendliche direkt ansprechen sollte, wirbt in raffinierter Weise um die Mitgliedschaft in den staatlichen Jugendorganisationen HJ und Bund Deutscher Mädel (BDM). In Gestalt eines spannenden Krimis, in dessen Verlauf 13 Jungen unter der Anleitung ihres Lehrers und HJ-Anführers in einem kleinen Dünendorf an der Ostsee einem »Volksschädling« das Handwerk legen, wird aus der Jugend des Ortes – bzw. dem ganzen Ort – eine eingeschworene Volksgemeinschaft im Sinne des Nationalsozialismus.[403] Szenen mit marschierenden, jubelnden und Sport treibenden HJ- und BDM-Kindern unter Hakenkreuzfahnen in NS-Uniformen werden durch Werner Egks Musik werbewirksam mitreißend. Wiederholt erklingt über den Film hinweg das Thema des »Marsches der deutschen Jugend«, das je nach Handlungsverlauf lautmalerisch variiert wird. In der Schlussszene, bei der sich das ganze Dorf in einer kirchenähnlichen Halle zusammenfindet – um den weihevollen Charakter der Szene zu unterstrei-

401 Text aus: »Marsch der deutschen Jugend«, in: Prieberg, *Musik im NS-Staat*, S. 28f.

402 Vgl. Klee, *Das Kulturlexikon zum Dritten Reich*, S. 274f.; Kerutt, HJ-Oberbannführer, war seit 1937 Hauptreferent der Reichsjugendführung, hatte die Aufsicht über die Schriftleitungen mehrerer NS-Jugendzeitschriften und war seit 1939 Produktionsleiter der Ufa. Er schrieb das Drehbuch zu *Jungens* nach seinem Roman.

403 Vgl. Stemmle, »Jungens«, Webseite.

chen – steht vermutlich Egk selbst am Dirigentenpult; die schlechte Bildqualität erschwert eine eindeutige Identifizierung, Egk ließ es sich in der Regel jedoch nicht nehmen, seine Musik selbst zu dirigieren.

Der *Marsch der deutschen Jugend* erschien (ohne gesungenen Text) auf Schallplatte mit dem irreführenden Aufdruck »Marsch der deutschen Jugend aus dem Tonfilm: Blaue Jungens« bei *Telefunken*, gespielt vom Musikkorps Wachbataillon Berlin.[404]

[404] Vgl. Werner Egk, *Marsch der deutschen Jugend aus dem Tonfilm: Blaue Jungens*, Musikkorps Wachbataillon Berlin, Guido Grosch (Ltg.), Telefunken 10273, https://archive.org/details/jugend_202111 [abgerufen am 21.3.2024]; keine Datierung; bei Prieberg ist der Titel so nicht genannt. Möglicherweise handelt sich es dabei um eine spätere Ausgabe, vgl. Prieberg, *Handbuch deutsche Musiker*, S. 1317.

5 Sohn Titus

Egks Sohn Titus (geboren am 27. Mai 1924), der im Dezember 1942 zur Wehrmacht eingezogen worden war, wurde im November 1944 vom Wehrmachtsgefängnis Freiburg in eine Feldstrafgefangenenabteilung überstellt. Seit seiner letzten Nachricht vom März 1945 gilt sein Verbleib als ungeklärt.[405] Egk erklärte Titus' Schicksal damit, dass er und Elisabeth ihn in Opposition zum Regime erzogen hätten, und Titus folglich Widerstand geleistet habe.[406]

Kater hat ausgeführt, dass es glaubwürdige Indizien dafür gäbe, dass Egk und seine Frau ihren Sohn Titus regimekritisch erzogen hätten und versucht hätten, auch seine Freunde in dieser Richtung zu beeinflussen.[407] Eine Aussage in einem Brief von Egk an seine Frau aus dem Jahr 1935 (Titus war elf Jahre alt) lässt jedoch daran zweifeln. Egk schrieb:

> Jetzt zu Muggi [Kosename für Titus]! Der faule Pelz soll sich schleunigst bessern. Wenn er das tut oder getan hat [sich zu bessern], soll er mir nach Essen [Stadt] einen Brief schreiben; dann darf er sich was Mitgebrachtes wünschen, was z. B. nicht mehr als 5 Mark kosten darf. Oder: besser noch, wenn er wirklich fleissig war bis ich heimkomme, stifte ich den Ball für das Jungvolkhandballwettspiel sofort.[408]

Titus gehörte demnach dem *Deutschen Jungvolk*, einer Jugendorganisation der HJ für Jungen im Alter zwischen zehn und vierzehn Jahren, an.[409] Obwohl dies unvermeidbar gewesen sein wird, stellt sich dennoch die Frage, weshalb Egk, der von sich behauptete, seinen Sohn gegen den Nationalsozialismus erzogen zu haben, demselben zur Belohnung einen Ball für das *Deutsche Jungvolk* stiftete und dieses damit öffentlichkeitswirksam förderte. Ein Jahr später schrieb Egk an Titus:

---

405 Seuffert, »Eine Werner-Egk-Recherche«, in: Kurz und Seuffert, *Der unbekannte Werner Egk*, S. 140–150, hier S. 144f.

406 Vgl. Böswald, »Erinnerungen an eine schwierige Zeit«, S. 15.

407 Vgl. Kater, *Komponisten im Nationalsozialismus*, S. 33.

408 Brief von Werner Egk an Elisabeth Egk vom 20. Oktober 1935, StA-Don/WE-K-2-9.

409 Vgl. Heinz Boberach: *Jugend unter Hitler*, Düsseldorf 1982, S. 39f.

> An Muggi.
> Wenn Du so ein stinkfauler Hallodri bist kriegst Du einen Dreck. Bist doch sonst wie mir Armgardl [Armgard von Faber du Faur] sagt ein ganz Ordentlicher. Reiss Dich beim Lernen auch zusammen, Du Schlappschwanz! Im nächsten Brief von Mamink [Elisabeth] will ich hören, dass Du beim Lernen nicht die geringsten Geschichten mehr machst und ohne viel Geschwätz Deine Pflicht tust.[410]

Dies steht einer Erziehung zum Widerstand gegen ein Regime, in dem strammer Gehorsam gefordert wurde, ebenso eher entgegen. Den Aussagen in diesen Briefen nach wäre es vorstellbar, dass Titus in Auflehnung gegen seinen Vater »nicht das Geringste damit [mit dem herrschenden Regime] zu tun haben wollte«[411]. Das Narrativ der regimekritischen Erziehung floss konträr dazu in ein Entlastungsschreiben für das Spruchkammerverfahren ein. Karl Heinz Ruppel formulierte:

> Werner Egk und ich haben uns oft darüber unterhalten – häufig war meine Frau in unserer Berliner Wohnung Zeugin dieser Gespräche – wie wir unsere Söhne vor der Mitgliedschaft in der HJ bewahren und mit welchen familiären Erziehungs- und Bildungsmitteln wir der staatlichen Bildungsdressur entgegenwirken konnten. Unsere Söhne haben diese Bemühungen mit besonderen militärischen Härten büßen müssen.[412]

So belastend der ungeklärte Verbleib Titus' für das Ehepaar Egk gewesen sein muss, schreckte Werner Egk nicht davor zurück, diese Katastrophe zu seinem Vorteil zu nutzen, indem er sich darüber – wenn nach dem Krieg sein Verhalten im Nationalsozialismus hinterfragt wurde – in eine Opferrolle begab. Denn so konnte er zumindest davon ausgehen, rücksichtsvoll und vorsichtig behandelt zu werden,[413] etwa im Fall des Filmes *Jungens*. In einem Brief nach

---

410 Brief von Werner Egk an Elisabeth Egk vom 23. September1936, StA-Don/WE-K-2-10.

411 Böswald, »Erinnerungen an eine schwierige Zeit«, S. 15, so Egk laut Böswald über Titus.

412 Entlastungsschreiben von K. H. Ruppel vom 11. Oktober 1947, StAM/Karton 339.

413 Vgl. Prieberg, *Handbuch deutsche Musiker*, S. 1317; Prieberg ging äußerst einfühlsam vor bei dem Versuch, die Diskrepanzen in Egks Aussagen zum Film Jungens schriftlich mit Egk zu klären, da Egk auch Titus ins Spiel gebracht hatte.

1973[414] an Prieberg behauptete Egk, er habe den Auftrag zu der Filmmusik als verzweifelten, aber erfolglosen Versuch angenommen, seinen Sohn vom Einsatz an der Front zu bewahren und damit dessen Leben zu retten.[415] Diese Argumentation scheint nachträglich konstruiert. Andernfalls würde sie offenlegen, dass Egk in seiner Mitarbeit an der NS-Propaganda-Maschinerie, der tausende heranwachsende junge Männer an der Front zum Opfer fielen, durchaus den eigenen Vorteil gesucht haben dürfte.

414 Ebd., Prieberg gibt kein Datum an, aus dem Text geht jedoch hervor, dass es zwischen dem Erscheinen von Egks Autobiografie 1973 und dem neuerlichen Briefwechsel 1982 gelegen haben muss.

415 Vgl. ebd., S. 1317f.

6 Egk als Funktionär der Reichsmusikkammer und der STAGMA

6.1 Nutznießerschaft

Friedrich Geiger hat in seinem Aufsatz »Werner Egk als Leiter der Fachschaft Komponisten in der Reichsmusikkammer« die Umstände der Berufung, die Aufgaben und Funktionen der Fachschaft Komponisten und Egks Handeln als Leiter der Fachschaft in der Reichsmusikkammer ausführlich dargelegt.[416] Geiger kommt in seiner Untersuchung zu dem Ergebnis, dass Egk als Leiter der Fachschaft Komponisten nicht zu den »verheerendsten Protagonisten«[417] der NS-Kulturpolitik zu zählen sei. Der Freispruch vom Vorwurf der Unterstützung der Gewaltherrschaft durch den Einsatz seines persönlichen Ansehens und von der Einstufung als deren »Nutznießer« sei jedoch unhaltbar.[418]

Zu Egks Nutznießerschaft ist anzufügen: Im *Handbuch der Reichskulturkammer*[419] sind Befugnis und Zusammensetzung der STAGMA folgendermaßen definiert:

> Die Stagma hat nach § 1 des Gesetzes über die Vermittlung von Musikaufführungsrechten vom 4. Juli 1933 die Erlaubnis erhalten, als einzige Stelle in Deutschland die gewerbsmäßige Vermittlung zur öffentlichen Aufführung von Werken der Tonkunst mit oder ohne Text auszuüben, die Aufführungstantiemen einzuziehen und nach einem bestimmten Punktesystem, bei dem die ernste Musik höher bewertet wird als die leichte, an die Autoren auszuschütten. Die Stagma unterhält zu diesem Zweck eine über ganz Deutschland ausgebreitete Kontrollorganisation, die die öffentliche Aufführung von Musikwerken überwacht. Die Stagma hat nur drei Mitglieder,

---

[416] Vgl. Geiger, »Werner Egk als Leiter der Fachschaft Komponisten«, S. 87–100.

[417] Ebd., S. 100.

[418] Vgl. ebd.

[419] Vgl. Hans Hinkel, *Handbuch der Reichskulturkammer*, Berlin 1937.

> nämlich die Berufsorganisation der Komponisten und Musikverleger (in der Reichsmusikkammer) und den Berufsverband deutscher Textdichter, der mit der Reichsschrifttumskammer in Verbindung steht.[420]

Werner Egk hatte ab Juli 1941 als Leiter der Fachschaft Komponisten und als Mitglied des Präsidiums der Bühnenschriftsteller, wozu er im September berufen worden war,[421] in Kooperation mit Ludwig Strecker, der dem Deutschen Musikalien-Verleger-Verein angehörte[422] (identisch mit der »Reichsfachschaft Musikalienverleger« in der Reichsmusikkammer[423]), Zugriff auf die drei Mitgliedsbereiche und damit auf Informationen aus dem gesamten Geschäftsbereich der STAGMA. Als Beirat in der STAGMA und Gutachter der Reichsmusikprüfstelle konnte Egk seinen Einfluss geltend machen. Die enge Zusammenarbeit mit Ludwig Strecker ist in der Korrespondenz dokumentiert. Zudem gibt es Belege dafür, dass wichtige Anliegen mündlich besprochen wurden. So schrieb Egk 1940 an Ludwig Strecker: »Kommen Sie vielleicht auf der Reise in den Urlaub durch München? Ich würde Ihnen gern mündlich eine wichtige Sache erzählen, die ich Ihnen nur dann schreiben möchte wenn wir uns keinesfalls sehen können«[424]. Die Tantiemen-Abrechnungen, die Egk von B. Schott's Söhne Mainz jeweils vom 1. Juli des Jahres bis zum 30. Juni des nächsten Jahres erhielt (im Folgenden auf Reichsmark auf- bzw. abgerundete Beträge), zeigen, dass im ersten Jahr der Fachschafts-Leitung (1941–1942) der ausgewiesene Betrag mehr als vier, im darauffolgenden Jahr sechs Mal so hoch liegt als im Abrechnungsjahr zuvor. Hier die Auflistung:

1939–1940	2164.- RM
1940–1941	1021.- RM
1941–1942	4737.- RM

420 Ebd., S. 103.

421 Vgl. Prieberg, *Handbuch deutsche Musiker*, S. 1319f.; am 23. September 1941 (also etwa einen Monat nach der Berufung zum Leiter der Fachschaft Komponisten) wurde Egk in das Präsidium des Verbandes deutscher Bühnenschriftsteller und Bühnenkomponisten berufen. Dieser Verband diente dem Schutz der Bühnenaufführungsrechte.

422 Vgl. Dümling, *Anpassungsdruck und Selbstbehauptung*, S. 14.

423 Vgl. Joseph Wulf, *Musik im dritten Reich. Eine Dokumentation*, Berlin 1989 (Kultur im Dritten Reich, Bd. 5), S. 121.

424 Brief von Werner Egk an Ludwig Strecker vom 30. Juni 1940, BSB/Ana 800.B.I.Egk, Werner, Mappe 8168.

1942–1943	6711.- RM
1943–1944	1949.- RM
1944–1946	450.- RM[425]

Es erscheint nicht ausgeschlossen, dass Egk mit Beginn seiner Tätigkeit bei der Reichsmusikkammer Geschäfte zu seinem Vorteil arrangiert hat.

Ludwig Strecker schrieb Ende Dezember 1945 an Gottfried von Einem: »Wie es nun mit unseren Opernhäusern werden wird, wissen wir noch nicht. Eine Konjunktur, wie sie war, wird so schnell nicht wieder kommen.«[426]

6.2 Egk als Aktivist

6.2.1 *Berufung*

Anfang des Jahres 1941 trennte Goebbels die Reichskulturkammer vom Reichsministerium für Volksaufklärung und Propaganda, und ernannte Hans Hinkel (siehe unter 3.2.1) zum Hauptgeschäftsführer mit erweiterten Vollmachten. Hinkel sollte »die ganze Sache ganz neu aufziehen.«[427] Im Juli 1941 stellte Hinkel Egk in der Nachfolge von Paul Graener als neuen Leiter der Fachschaft Komponisten vor – in der Erwartung, »daß mit Egk eine neue Epoche berufsständischer Arbeit anheben werde.«[428] Egk postulierte in seiner Antrittsrede, die Presse könne im Kampf gegen Kulturpessimisten, die die Meinung vertreten würden, daß mit Strauß [sic] und Reger die große Zeit der deutschen Tonkunst vorüber sei, wertvolle Hilfe leisten.[429] Damit verschaffte er den jungen deutschen Komponisten Raum, um zu zeigen, »daß sie des großen Ge-

[425] Tantiemen-Abrechnungen B. Schott's Söhne Mainz / Werner Egk in: BSB/Ana 410 / G, SCHOTT ab 1970 | Verträge – Übersichten, Mappe Abrechnungen | SCHOTT.

[426] Brief von Ludwig Strecker an Gottfried von Einem vom 17. Dezember 1945, BSB/Ana 410, B. Schott's Söhne Mainz | (Strecker, …), Mappe ohne Aufschrift.

[427] Elke Fröhlich, *Die Tagebücher von Joseph Goebbels*, I/9, München 1998, S. 176.

[428] Erwin Kroll, »Fachschaft Komponisten unter neuer Führung«, in: *Deutsche Allgemeine Zeitung (DAZ)*, 11. Juli 1941, zitiert nach: Prieberg, *Handbuch deutsche Musiker*, S. 1318f.

[429] Vgl. ebd.; zitiert nach: ebd.

schehens unserer Zeit würdig sind.«[430] Hinkel versprach dem Berufsstand der Komponisten »wärmste Förderung« und hielt den Tonkünstlern das große, von Reichsminister Dr. Goebbels gesteckte Ziel vor Augen: »die Schaffung einer starken deutschen Volkskultur. [...] Wo noch irgendwelche bolschewistischen, zersetzenden Tendenzen in der deutschen Tonkunst spuken sollten, würde man sie rücksichtslos ausrotten.«[431]

Schon 1937 hatte Hinkel in seinem *Handbuch der Reichskulturkammer* – dem »guten Kameraden« für alle »Volksgenossen im Bereich der Reichskulturkammer und jenen, die mit diesen gemeinsam am großen Werk einer neuen Kulturepoche tätig sind«[432] – festgestellt:

> Und gerade hinsichtlich der R e i n i g u n g [sic] fällt der Reichsmusikkammer eine überaus wichtige und verantwortungsvolle Aufgabe zu.[433]

Damit schönte Hinkel sein Hauptziel, den Ausschluss alles Jüdischen aus dem deutschen Kulturleben. Dass Egk dieses Amt annahm und – wie im Folgenden ersichtlich werden wird – mit Hinkel kameradschaftlich verkehrte zeigt, dass er mit dessen Zielen hinlänglich konform gehen konnte.

6.2.2 *Zusammenarbeit mit Hinkel*

Es ist bezeichnend, dass Egk, der Hinkel spätestens bei seiner Amtseinführung im August 1941 kennengelernt hatte,[434] mit ihm Schriftverkehr unterhielt und ihn mit »Lieber Kamerad« oder einmal gar mit »Lieber hoher Kamerad Hinkel« ansprach[435], ihn in seiner Autobiografie als einen für ihn Fremden darstellt: »Ich musste in die Reichskulturkammer gehen, in die Höhle des Löwen, der Hinkel hieß.«[436]

---

430 Ebd.; zitiert nach: ebd.

431 Ebd., zitiert nach Prieberg, *Handbuch deutsche Musiker*, S. 3050f.

432 Hinkel, *Handbuch der Reichskulturkammer*, S. 12.

433 Ebd., S. 93.

434 Vgl. Prieberg, *Handbuch deutsche Musiker*, S. 1318.

435 Vgl. Protokoll der öffentl. Sitzung vom 17. Oktober 1947, StAM/Karton 339.

436 Egk, *Die Zeit wartet nicht*, S. 347.

Es sei hier aus dem Briefwechsel zwischen Hinkel und Egk eine Episode herausgegriffen.[437] Die Abschriften und Fotokopien der Briefe und Dokumente wurden im September 1947 aus dem Archiv der Reichskulturkammer Berlin an die Kommission der Kulturschaffenden im Bayerischen Kultusministerium zugestellt und gingen in das Spruchkammerverfahren ein. Die Schriftstücke sind auf einem gesonderten Blatt chronologisch geordnet aufgelistet, sodass die Abfolge klar ersichtlich ist.[438]

In einem Brief drei Monate nach der Berufung zum Leiter der Fachschaft klingt es so, als wäre mit Hinkel bereits eine vertrauensvolle Zusammenarbeit entstanden gewesen. Egk schrieb am 17. Oktober 1941:

> Lieber Kamerad Hinkel!
> Ich wäre Ihnen dankbar, wenn Sie mir umgehend mitteilen könnten, ob die vorgeschlagene Arbeitstagung im Januar in der vorgeschlagenen Form stattfinden wird.
> Zu Ihrer Orientierung über das Gespräch Gutterer-Schlösser-Drewes-Egk übersende ich Ihnen eine Zusammenfassung meiner damaligen Vorschläge. Es liegt mir ungeheuer viel daran, dass Sie sich persönlich etwas damit beschäftigen und wenn irgendmöglich bei jeder Gelegenheit nachstossen.
> […]
> Mit den herzlichsten Grüssen
> Heil Hitler!
> Ihr: [439]

Der erste Teil des Schreibens bezieht sich auf den »Programmvorschlag«[440] zur Arbeitstagung der Fachschaft Komponisten, worauf hier nicht weiter eingegangen werden soll.

Im zweiten Teil geht es um Egks Vorstellungen für die zukünftige Gestaltung von Opernspielplänen, die er bereits in einem weiter zurückliegenden Gespräch

---

437 Vgl. Geiger, »Werner Egk als Leiter der Fachschaft Komponisten«, S. 96f.

438 Vgl. Auflistung Briefwechsel Egk – Hinkel vom 8. September 1947, StAM/Karton 339, [Dokument 2 im Anhang].

439 Brief von Werner Egk an Hans Hinkel vom 17. Oktober 1941, ebd. [Dokument 3 im Anhang].

440 Vgl. Werner Egk, »Programmvorschlag« zur Arbeitstagung der Fachschaft Komponisten, ebd. [Dokument 5 im Anhang].

mit Gutterer[441], Schlösser und Drewes geäußert hatte. Seine damals unterbreiteten Vorschläge hatte Egk nun unter »VORSCHLÄGE OPER«[442] schriftlich fixiert, und adressierte sie am 17. Oktober 1941 an Hinkel, damit dieser ihnen Nachdruck verleihe. Die beiden Dokumente sind in der oben erwähnten Auflistung[443] dem Antwortschreiben Hinkels vom 22. Oktober 1941[444] zugeordnet. Hinkel hatte sie demnach erhalten.

Egk fasst seine Forderungen zu der Frage des »organischen Weiterwachsens eines deutschen Opernrepertoires« in zwei Punkten zusammen:

1. Im Geist der Weiterbildung eines d e u t s c h e n [sic] Opernrepertoires und um der drohenden Überfremdung des deutschen Opernspielplanes zu begegnen, wird bestimmt, dass an jedem deutschen Operntheater auf je zehn Neueinstudierungen, zwei Erstaufführungen eines Werkes eines lebenden deutschen Autors treffen müssen.
   An Stelle der zweiten Erstaufführung kann aber auch die Wiederaufnahme oder Neueinstudierung eines nach dem Jahr 1933 entstandenen, an der betreffenden Bühne schon erstaufgeführten Werkes eines lebenden deutschen Autors treten.
   Eine dieser Erstaufführungen bzw. die Wiederaufnahme, oder die Erstaufführung muss der musikalische Oberleiter der Bühne übernehmen.
   Die Ausstattungskosten für das Werk eines lebenden deutschen Autors soll [sic] nicht unter der Hälfte der höchsten Summe liegen, die in der laufenden Spielzeit für eine Ausstattung aufgewendet wurde.
   Als deutsche Autoren gelten nur reichsdeutsche Autoren.

2. Ausländische Uraufführungen sind genehmigungspflichtig und nur dann erwünscht, wenn dafür im Austausch ein entsprechendes neues deutsches Werk im Ausland als Veranstaltung einer ausländischen Bühne gespielt wird.[445]

---

441 Leopold Gutterer, Staatssekretär im Reichspropagandaministerium, vgl. Klee, *Das Personen-lexikon zum Dritten Reich*, S. 212.

442 Werner Egk, »Vorschläge Oper«, StAM/Karton 339. [Dokumente 6/1 – 4 im Anhang].

443 Auflistung Briefwechsel Egk – Hinkel vom 8. September 1947, ebd. [Dokument 2 im Anhang].

444 Brief von Hans Hinkel an Werner Egk vom 22. Oktober 1941, ebd. [Dokument 4 im Anhang].

445 Werner Egk, »Vorschläge Oper«, S. 1, StAM/Karton 339 [Dokument 6/1 im Anhang].

Im Anschluss Egk legt die Notwendigkeit dieses Vorgehens ausführlich dar: seine pedantische Reglementierungs- und Überwachungsmaschinerie sollte entwickelt werden. Quoten, Kostenberechnungen, Austausch-Nachweise für nicht reichsdeutsche Komponisten sowie die Berücksichtigung des Alters der Komponisten sollten künftig die Spielplangestaltung bestimmen und Intendanten entmündigen. Die Qualität der Kompositionen, die personellen und bühnentechnischen Voraussetzungen, die Vorstellungen von Intendanten für ihr Haus sowie das Publikum wären entsprechend zweitrangig. Egk versuchte, von seinem Anliegen, »jungen lebenden« »reichsdeutschen« Autoren an Opernhäusern im In- und Ausland zu mehr Aufführungen zu verhelfen – welches im Sinne der NS-Propaganda war – Hans Hinkel zu überzeugen. Hinkel, der bei der »Reinigung« des Kulturbetriebs seinen Ehrgeiz und seinen Fanatismus bereits bewiesen hatte,[446] sollte die Durchsetzung weitergehender Restriktionen im kulturellen Bereich vorantreiben. Mitnichten war die Fachschaft unter Egks Leitung also »eine ganz unbedeutende und unpolitische Institution«[447], und Egk zeigt sich an dieser Stelle als NS-Aktivist.

Im Hintergrund standen – analog zu vielen Nationalsozialisten – ebenso Egks persönliche Interessen, denen er Geltung zu verschaffen gedachte.[448] Die Vorschläge sollten seine eigenen Opern dauerhaft in die Spielpläne bringen und damit seine Einnahmen steigern.

Es gibt in diesem Dokument einen weiteren Aspekt: Seiner Autobiografie ist zu entnehmen, dass Egk dem von Richard Strauss für seine Opern bevorzugten Dirigenten und Freund Clemens Krauss[449] – einer herausragenden künstlerischen Persönlichkeit, die von Hitler geschätzt wurde[450] – feindselig gegenüberstand. Egk fühlte sich von Krauss klein gehalten: Dieser habe in der Spielzeit 1935/36 in Berlin die *Zaubergeige* zunächst abgelehnt (»mit dem Schatten des großen Richard im Rücken«[451]), um dann einer Premiere nur unter Auf-

[446] Vgl. Peter Patzelt, »Ein Bürokrat des Verbrechens. Hans Hinkel und die ›Entjudung‹ der deutschen Kultur«, in: *Deutsche Publizistik im Exil 1933 bis 1945. Personen – Positionen – Perspektiven. Festschrift für Ursula E. Koch*, hrsg. von Markus Behmer (Kommunikationsgeschichte, Bd. 11), Münster 2000, S. 307–317, hier S. 311ff.

[447] Vgl. Egk, *Die Zeit wartet nicht*, S. 346f.; vgl. auch Geiger, »Werner Egk als Leiter der Fachschaft Komponisten«, S. 88.

[448] Vgl. Geiger, »Werner Egk als Leiter der Fachschaft Komponisten«, S. 96.

[449] Vgl. Prieberg, *Musik im NS-Staat*, S. 213.

[450] Vgl. Klee, *Das Kulturlexikon zum Dritten Reich*, S. 303.

[451] Vgl. Egk, *Die Zeit wartet nicht*, S. 238.

lagen zuzustimmen.[452] Weiter habe Krauss als Intendant der Münchner Staatsoper für die Erstaufführung der *Zaubergeige* 1937 lediglich einen Bruchteil des Ausstattungsbudgets bewilligt, welches er [Krauss] sich selbst für »seine eigenen Opernwunder«[453] zur Verfügung gestellt habe.[454] Als Leiter der Fachschaft Komponisten sah Egk offensichtlich die Gelegenheit gekommen, sich bei Krauss zu revanchieren, indem er in seinem Schreiben subtil Hinkels Aufmerksamkeit auf Krauss lenkte. Möglicherweise spielte Egks Wissen[455] um Krauss' ungeklärte Abstammung[456] dabei eine Rolle, oder aber Krauss' Nähe zu Hitler, sein Erfolg und sein Selbstbewusstsein – auch NS-Vorgaben gegenüber[457]. Egk schrieb:

> Seit Clemens Krauss wurden in München zwar drei lebende deutsche Autoren, die zusammen über 200 Jahre alt sind, aufgeführt (Strauss, Pfitzner und Wolf Ferrari) dagegen nur ein jüngerer mit einem halben Abend[458], der nach der fünften Aufführung wieder verschwand. Das nur am Rand.[459]

Egk war demgemäß dazu imstande, unliebsame Kollegen zu denunzieren. Hinkel schrieb ein paar Tage später an Egk:

> Lieber Kamerad Egk!
> Ich erhielt Ihr Schreiben vom 17. ds. Mts. und bin mit Ihren Vorschlägen, die für Januar 1942 in Aussicht genommene Arbeitstagung betreffend, einverstanden. Gern würde ich Sie recht bald einmal sprechen und wäre Ihnen dankbar, wenn Sie mich wissen ließen, wann Sie wieder in Berlin sind.
> Heil Hitler![460]

---

452 Vgl. ebd., S. 238f.
453 Vgl. ebd., S. 273.
454 Vgl. ebd., S. 272f.; Egk: »Die ›Zaubergeige‹ gehörte nicht zu seinen, den staunenden Münchenern verhießenen Opernwundern.«
455 Vgl. ebd., S. 239; hier: Informationen über Krauss' Abstammung.
456 Vgl. Prieberg, *Handbuch deutsche Musiker*, S. 3940.
457 Vgl. z. B. ebd., S. 3943f.; trotz eines negativen Gesamturteils über Krauss beim Gaupersonalamt der NSDAP (»Streng vertraulich!«) bekommt Krauss den Posten als Direktor einer staatlichen Hochschule zugesprochen.
458 Dabei spricht Egk vermutlich die Oper *Der Mond* von Carl Orff an, die am 5. Februar 1939 in München unter Krauss uraufgeführt worden war, vgl. Rathkolb, *Carl Orff und der Nationalsozialismus*, S. 104.
459 Werner Egk, »Vorschläge Oper«, S. 4, StAM/Karton 339 [Dokument 6/3 im Anhang].
460 Brief von Hans Hinkel an Werner Egk vom 22. Oktober 1941, ebd. [Dokument 4 im Anhang].

Die Niederschrift »VORSCHLÄGE OPER« wird in dem Brief nicht weiter erwähnt, vermutlich tauschte man sich mündlich darüber aus. In Egks Antwortschreiben vom 29. Oktober 1941 nannte er Hinkel einen Termin für ein Treffen in Berlin:

> Lieber Kamerad Hinkel!
> Ich bin hocherfreut über Ihre Mitteilung, dass die Arbeitstagung der Komponisten im Januar 1942 stattfinden kann.
> Es wird mir eine Freude sein, Sie etwa am 18.11. in Berlin aufsuchen zu dürfen und werde noch rechtzeitig den genauen Zeitpunkt meiner Anwesenheit in Berlin mitteilen.
> Heil Hitler![461]

In der Spruchkammerverhandlung erklärte Egk die vertraut-kameradschaftliche Anrede in den Briefen folgendermaßen:

> Hinkel war der irrigen Meinung, ich sei Mitglied der »Kameradschaft deutscher Künstler«. Ich hielt es nicht für klug, ihm diese Illusion zu nehmen und antwortete im gleichen Sinne. Wenn ich einmal geschrieben habe »Lieber hoher Kamerad Hinkel«, so geschah dies ironisch.[462]

Er habe über Hinkel erreichen wollen, dass sein Sohn vom Wehrdienst zurückgestellt werden würde. Dazu sei ihm jedes Mittel recht erschienen.[463] Tatsächlich bat Egk Hinkel im Frühjahr 1943 schriftlich darum, sich für Titus einzusetzen.[464] Die fraglichen oben zitierten Briefe stammen jedoch von 1941. Es scheint, als habe Egk die Sorge um seinen Sohn hier herangezogen, um eine Erklärungsnot zu umgehen.

Es mag durchaus sein, dass seine Anrede »Lieber hoher Kamerad Hinkel« ironisch gemeint gewesen war, ironisch im Sinne von kumpelhaftem Schulterklopfen erscheint aber gleichermaßen möglich, was wiederum eine gewisse Vertrautheit voraussetzten würde. Ein derartiges Vertrauensverhältnis

---

461 Brief von Werner Egk an Hans Hinkel vom 29. Oktober 1941, ebd. [Dokument 7 im Anhang].

462 Protokoll der öffentl. Sitzung vom 17. Oktober 1947, StAM/Karton 339.

463 Vgl. ebd.

464 Vgl. Kater, *Komponisten im Nationalsozialismus*, S. 34.

rekonstruierte Egk in seiner Autobiografie durch die Erzählung, wie er einem Orchestermusiker geholfen habe, indem er Hinkel mit folgendem Zitat aus einem Kinderstück dazu gebracht habe, den Musiker vom Berufsverbot zu verschonen:[465]

> »Schau, du großes Ungetüm, Laß doch den Kleinen frei!
> Vielleicht bleibt er dir im Zahn stecken,
> Dann kriegst du Zahnweh …«[466]

465 Vgl. Egk, *Die Zeit wartet nicht*, S. 347. Der Musiker hatte »auf Wehrmachtstournee im Suff mit unschöner Regelmäßigkeit Wehrmachtsunterkünfte verkotzt«, ebd.

466 Ebd.

7 Nach dem Krieg

Egk stellte sich nach Ende des Zweiten Weltkrieges als Antifaschisten, als Opfer der Nationalsozialisten bzw. als Widerständigen dar. Gegenüberstellungen von schriftlichen Aussagen während und nach dem Dritten Reich verdeutlichen Egks Bemühungen um ein erfolgreiches Durchlaufen des Entnazifizierungsprozesses.[467]

7.1 Antisemitismus

In der Begründung der Klageschrift des Berufungsverfahrens vor der Spruchkammer München vom 7. Juli 1947 wurde Werner Egk – wie bereits erwähnt – beschuldigt, Nutznießer im Sinne des Gesetzes gewesen zu sein. Weiter heißt es wörtlich: »Er hat dem Nationalsozialismus auch insofern durch seine Tätigkeit eine propagandistische Unterstützung geliehen, als mit seinem Namen die Kulturfassade der Gewaltherrschaft mit errichtet worden ist.«[468] Egk, der von diesem Vorwurf freigesprochen wurde, berichtete Bekannten und Kollegen von der Anklage in mehreren Briefen mit etwa folgendem Wortlaut:

> In meinem Fall blieb als einzige Beschuldigung die »Miterrichtung einer Kulturfassade zwecks Tarnung der Krematorien von Dachau und Buchenwald« durch meinen Namen als Komponist übrig. Die Kammer aber liess sich glücklicherweise davon überzeugen, dass ich kein Krematorium getarnt hatte, sonst hätte es Einstufung als Aktivist (!) fünf Jahre Berufsverbot, teilweisen Vermögenseinzug und andere Aufmerksamkeiten gegeben. So zahlt Vater Staat die Zeche. Wir habens ja. Warum also nicht. Sie können sich denken wie die Nazis gelacht haben, als sie von dem Münchner Schildbürgerstreich gelesen haben.[469]

---

467 Ein ausführliches Kapitel zu Egks Entnazifizierung und Rehabilitierung ist zu lesen in: Schleusener, »Entnazifizierung und Rehabilitierung«, S. 103–118.

468 Klageschrift vom 7. Juli 1947, StAM/Karton 339, Bl. 2.

469 Brief von Werner Egk an Rudolf Albert vom 25. Oktober 1947, BSB/Ana 410.

Egk lachte selbst darüber und stellte sich damit mit »den Nazis« in eine Linie. In einem anderen Brief schrieb er:

> Ich war, wie Sie vielleicht gelesen haben angeklagt »durch die Fortsetzung meiner künstlerischen Tätigkeit zur Errichtung einer Kulturfassade beigetragen zu haben, hinter der die Kamine von Dachau und Buchenwald rauchen konnten«. Ganz hübsch, sowas. Die Sache ist zwar grossartig ausgegangen [...] aber sie war mehr als ärgerlich und in höchstem Masse nervenfressend.[470]

In einem Brief an Karl Laux dankt er diesem für seine Hilfsbereitschaft (für ein Entlastungsschreiben), bevor er über den Hergang des Spruchkammerverfahrens berichtet, wobei er die »Krematorien von Dachau und Buchenwald« erwähnt. Weiter schrieb Egk: »Das Witzige ist, dass niemand bezweifelt hat, dass ich a k t i v e r [sic] Antinazi war. Dafür gab es auch eine Unmenge von Beweisen.«[471]

Die Formulierung »Krematorien von Dachau und Buchenwald« und »rauchende Kamine«, die Egk in mehreren Briefen zitiert und nutzt, ist in der Spruchkammerakte nicht protokolliert. Vermutlich wollte er damit die Absurdität der Anklage verdeutlichen. Noch in seiner Autobiografie (1973) spricht er von einer Anklage wegen »Mitwebens am Kulturvorhang, hinter dem die KZ-Öfen rauchten«[472]. Es sind dies Zeugnisse seiner Pietätslosigkeit, Unverfrorenheit und Empathielosigkeit, seiner Egozentrik und seines Zynismus gegenüber Juden und allen Verfemten, die in den Konzentrationslagern umgekommen sind.

Eine Passage aus einem Brief an Gottfried von Einem vom Dezember 1946 lässt sich entsprechend als ein Dokument über Egks antisemitischem Zynismus gegenüber einem »jüdisch versippten« Kollegen interpretieren:

> Habe neulich den Mathis [wohl die Sinfonie *Mathis der Maler* von Paul Hindemith, Uraufführung 1934] in der Stuttgarter Übertragung gehört. War sehr überrascht über meine Eindrücke von dieser Musik. Sehr retro-

470 Brief von Werner Egk an (?) Knothe vom 27. Dezember 1947, ebd.

471 Brief von Werner Egk an Karl Laux vom 26. Oktober 1947, ebd.; mit »Beweisen« sind die »Persilscheine« gemeint.

472 Vgl. Egk, *Die Zeit wartet nicht*, S. 370.

> spektiv, fand ich, etwa Wagner mal Bruckner hoch Turnvater Jahn. Diese Musik klingt wie der Liebeskuss der germanischen Bärin. Begreife erst jetzt warum die Hitlerjugend und selbst die SS immer Anstrengungen gemacht haben, den unschicklich, unseelig [sic] Versippten teutonischsten aller Teutonen wieder heim ins Reich zu bekommen![473]

Egk amüsiert sich hier über den Komponisten Paul Hindemith, dessen Musik zu Beginn der NS-Herrschaft stark umstritten war.[474] Nach sehr erfolgreichen Aufführungen seiner Sinfonie *Mathis der Maler* traten Vertreter der HJ[475] und vor allem der Dirigent Wilhelm Furtwängler mit einer Niederlegung seiner Ämter für Hindemith ein. Da Hindemith aber auch wegen der jüdischen Abstammung seiner Frau – sie galt als sogenannte »Halbjüdin« – unter Druck geriet, emigrierte er 1938.[476]

7.2 Spruchkammerverfahren

Wie bereits mehrfach gezeigt, täuschte Egk mit seinen Aussagen vor der Spruchkammer das Gericht, das – laut Egk – ohne Sachverständige arbeitete.[477] Dass er das Verfahren insgesamt ablehnte, wird in einem Brief an Hans Meissner[478] von 1947 deutlich:

> Auch erholt man sich hinterher auch [nach der »Erledigung dieser Spruchkammergeschichte«[479]] nicht gerade schnell [sic]. Doch habe ich den Eindruck, dass alle diese Geschichten zwar an giftiger Virulenz mit der Zeit einbüssen, dass aber unsere Landsleute in ihrem kulturschänderischen

---

473 Brief von Werner Egk an Gottfried von Einem vom 14. Dezember 1946, BSB/Ana 410.

474 Vgl. Prieberg, *Musik im NS-Staat*, S. 62ff.

475 Vgl. ebd., S. 64.

476 Vgl. Prieberg, *Handbuch deutsche Musiker*, S. 2996ff.

477 Vgl. Brief von Werner Egk an Heinz Tietjen vom 4. März 1947, BSB/Ana 410; Egk schreibt: »Spruchkammer hier arbeitet ohne Sachverständige«.

478 Vgl. Klee, *Das Kulturlexikon zum Dritten Reich*, S. 363; Meissner war von 1933 bis 1945 Intendant der Städtischen Bühnen Frankfurt, er war beteiligt an der Diskriminierung und Entlassung jüdischer Schauspieler. Egk unterhielt nach 1945 Briefkontakt mit ihm, vgl. BSB/Ana 410.

479 Brief von Werner Egk an Hans Meissner vom 17. November 1947, BSB/Ana 410.

> Eifer noch keineswegs nachlassen. Verflucht, haben wir doch an Aktiven reineweg nichts mehr, ausser was wir an Geist und Köpfen vor dem Untergang retten konnten. Und der Geist war immer schon verdächtig und die »Köpfe der Woche« rollen weiter. Diese bürokratische Guillotine arbeitet munter weiter. Nur eines wird sie nicht erreichen, dass der nazistische Ungeist ausgerottet wird, solange man nicht auf nazistische Methoden verzichtet. Nieder mit dem Terror, das ist die einzige terroristische Methode, die man gelten lassen kann![480]

Egk bezeichnete die Vorgehensweise der Spruchkammer als »nazistische Methoden«, die als »Terror« bekämpft werden müssten. Dabei blendete er das Unrecht während des »Dritten Reiches«, an dem auch er mit kulturschädlichem Eifer mitgewirkt hatte, aus.

Eine Episode aus dem Spruchkammerverfahren legt Egks Raffinesse offen. Der Kläger befragte Egk über die »Sache mit dem Schneeballsystem«[481]. In der Spruchkammerakte ist folgende Aussage Egks protokolliert:

> Es war ein kindlicher Versuch, der aus der letzten Verzweiflung geboren war. Wir alle, die wir ein reines Gewissen hatten, erwarteten den Einmarsch der Amerikaner als unsere Befreier. Ich schlug meinen Freunden ein Schneeballsystem vor, es sollte jeder, der zuverlässig war, Material über schlimme Nazis zur Verfügung stellen. Unser Plan war der, das gesammelte Material bei Einmarsch der Amerikaner der zuständigen Dienststelle zur Verfügung zu stellen, es war damals noch nicht die Kollektivschuld verkündet.[482]

Mit dem, was von Egk in Erscheinung getreten ist, kann davon ausgegangen werden, dass er mit »meinen Freunden« und »zuverlässig« die Personen eines Netzwerkes bezeichnete, die in gegenseitigem Einvernehmen Stillschweigen über ihre Machenschaften während der NS-Diktatur zu wahren versprochen hatten. Zugleich erweist er sich dem Versuch zugeneigt, sich durch die Denunzierung »schlimmer Nazis« freizukaufen. Vor der Spruchkammer stellte er zudem ein kindlich naives, »reines Gewissen« zur Schau. Es ist vorstellbar,

---

480 Ebd.

481 Protokoll der öffentl. Sitzung vom 17. Oktober 1947, StAM/Karton 339.

482 Ebd.

dass der taktisch agierende Egk während des »Dritten Reiches« mit ähnlichen Mitteln gegen Konkurrenten und Kollegen vorging und die Möglichkeit einer Denunzierung von Juden, »jüdisch Versippten«, Homosexuellen und anderen Verfemten dabei zumindest als Druckmittel eingesetzt hat.

7.3 Distanzierung

Mit Fingerzeigen auf Kollegen demonstrierte Egk seine Distanz zum NS-Regime. Beispielsweise schrieb er 1946:

> Bis jetzt habe ich gar keinen Antrag auf Absetzung von der black list[483] gestellt, Karajan, Böhm, Furtwängler und die andern symphonischen und Opernschwergewichtler haben alle schon gestellt, aber sie stehen immer noch um mich herum sozusagen als Garnierung. Vorläufig bin ich glücklich im Gegensatz zu allen diesen Nazischweinen wenigstens in keinem Punkt unter das Denazif.Gesetz zu fallen. (Die Fachschaft Komponisten, die mir eine Zeitlang Bauchweh gemacht hat, fällt laut Veröffentlichung des Sonderministeriums nicht unter die Rubrik Belastung.) Bin also ein reiner Engel, ungefähr so wie Deine Mutti.[484]

Bemerkenswert ist, dass Egk in seiner Tätigkeit für die Fachschaft Komponisten dem Anschein nach selbst etwas sah, was ihm im Denazifizierungsprozess hätte gefährlich werden können.

483 Zur Einteilung in weiße, graue und schwarze Listen (auf der black list zu stehen bedeutete untauglich zum Einsatz in kontrollierten Medien zu sein, also Auftrittsverbot), vgl. Hobratschk, *Werner Egk and Joan Von Zarissa*, Webseite, S. 302.

484 Brief von Werner Egk an Trude Becker vom 2. Oktober 1946, BSB/Ana 410.

7.4 Persilscheine

Wie in Nachkriegsdeutschland üblich, nutzte Egk sein Netzwerk zum gegenseitigen Ausstellen von Ehrenerklärungen bzw. Entlastungsschreiben, sogenannter »Persilscheine«, um mit deren Hilfe von einer Kooperation mit dem NS-Regime freigesprochen zu werden.[485]

Im Januar 1946 bat Egk Theodor O. Seeger[486] um ein Schreiben, das ihn vor der Kammer der Kunstschaffenden entlasten sollte, bei der er ein Verfahren gegen sich selbst eingeleitet hatte, nachdem er erfahren hatte, dass dort sämtliche Akten der ehemaligen Kulturkammer unbeschädigt aufgefunden und für die Entnazifizierungs-Untersuchungen herangezogen werden konnten.[487] Egk an Seeger:

> […] Nun brauche ich nur noch die deutsche Begutachtung, am besten als Antifaschist. In diesem Zusammenhang wäre ich Ihnen sehr dankbar, wenn Sie auf Grund der Beobachtungen während Ihrer Abkommandierung zu Drewes ein Schreiben verfassen und mir senden würden, in dem Sie die Einstellung nationalsozialistischer Kreise im Allgemeinen und der Musikabteilung im Besonderen zu meiner Person beschreiben würden. Dass mich im Promi niemand als Nazi ansah, das ist Ihnen ja wohl bekannt. Je schärfer die Sache gehalten ist, desto besser. Vielleicht können Sie auch aufgrund Ihrer Beobachtungen in der Kammer beifügen, dass es Ihnen genau bekannt ist, dass ich gegen den Willen des Promi folgende Personen auf jede mir mögliche Weise gestützt habe: Karl Amadeus Hartmann, Boris Blacher, Wagner Régeny, obwohl ich wusste, dass Blacher nichtarisch, Hartmann der KPD nahe stand und Wagner Regeny [sic] aufs schärfste von Goebbels abgelehnt wurde. Dass ich ferner nie ein Hehl aus meiner dem [sic] Drewes entgegengesetzten musikpolitischen Anschauung und auch nicht daraus gemacht habe, dass ich kein Nationalsozialist war, weder als Mitglied noch gesinnungsmässig. Dass all das bekannt war und dass diese Umstände die Feindseligkeiten der Partei (Roeder und Konsor-

485 Vgl. Schleusener, »Entnazifizierung und Rehabilitierung«, S. 113f.

486 Seeger war Geschäftsführer der Fachschaft Komponisten in der Reichsmusikkammer, vgl. Prieberg, *Handbuch deutsche Musiker*, S. 1318.

487 Vgl. Brief von Werner Egk an Ludwig Strecker vom 28. April 1946, BSB/Ana 800.B.I.Egk, Werner, Mappe 8276.

ten) begreiflich erscheinen lassen. Und so weiter. Sicher fällt Ihnen noch mehr ein. Alles was Ihnen von Seite der Nazis an Äusserungen gegen mich bekannt ist, ist mir wertvoll. Bitte berichten Sie mir doch einmal wie Ihre Sache weitergeht. Ob Frau F. die richtige Anwältin ist?
Herzlich stets Ihr
P. S. Wenn Ihnen irgendwelche Bestätigungen von mir dienlich sein könnten, schreiben Sie mir bitte, was Sie brauchen können. Selbstverständlich.[488]

Egk bat Seeger in mehreren Punkten darum, Unwahrheiten zu erklären. Es hätte gewiss keiner expliziten Bestätigung durch das Propagandaministerium dafür bedurft, dass Egk Nationalsozialist war: Denn dass ihm von dort begeisterte Reaktionen und Unterstützung entgegengebracht wurden, beweist bereits ausreichend, dass Egks Gesinnung in NS-Kreisen als einwandfrei erachtet wurde. Egk nannte hier die »Feindseligkeit der Partei« durch Roeder, der für seine Kritik an Egks Oper *Peer Gynt* – wie im Brief vom 12. Dezember 1938 an Ludwig Strecker zu lesen ist (siehe 4.5.3) – jedoch vom Ministerium abgemahnt wurde. Drewes, Schlösser und Goebbels boten gar an, die Oper und damit Egk zu protegieren (siehe unter 4.5.3).

Eine weitestgehende Generalabsolution für das Verfahren bei der Kammer der Kunstschaffenden stellte Willy Strecker – gemeinsam mit Ludwig Strecker Inhaber des Verlagshauses B. Schott's Söhne – aus. Er bescheinigte:

> Seit etwa fünfzehn Jahren ist mir Werner Egk [sic] als einer unserer Verlagsautoren persönlich gut bekannt und ich kann bestätigen, daß er in Wort und Tat stets als Gegner des Nazi–Regimes insonderheit der Kulturpolitik des Propagandaministeriums aufgetreten ist, die er mit allen Mitteln bekämpfte. Er war selbst von der Partei bis zum Jahre 1938 aufs heftigste bekämpft und die Uraufführung von »Peer Gynt« an der Staatsoper in Berlin wurde zu dem Versuch benutzt, ihn endgültig als entartet zu Fall zu bringen. Ein merkwürdiger Zufall verwandelte die drohende Katastrophe in einen durchschlagenden Erfolg und Egk wurde gegen seinen Willen und ohne sein Zutun zum Fachschaftsleiter der Komponisten ernannt. In dieser Stellung hat er sich ohne Rücksicht auf seine eigene Lage für die vom Nazi-Regime besonders gehassten Vertreter der modernen Musik eingesetzt, insbesondere für Strawinsky, Hindemith und Honegger; ebenso

[488] Brief von Werner Egk an Theodor O. Seeger vom 26. Januar 1946, BSB/Ana 410.

> auch für die von Goebbels verfolgten Autoren Blacher, Wagner-Régeny und andere. Auch in seiner eigenen Kunst hat er nach seiner Ernennung zum Fachschaftsleiter keinerlei Konzessionen an den Partei-Geschmack gemacht, sodaß seine letzten Werke "Columbus" und einige Aufführungen von »Peer Gynt« wieder eine starke Pressehetze gegen ihn entfachten. Frühere Werke konnten trotz seiner Stellung nicht zur Aufführung gebracht werden.[489]

Bei diesem Statement für Werner Egk bedachte Willy Strecker möglicherweise auch die Reputation seines Bruders Ludwig Strecker, der in der Zusammenarbeit mit Egk von dessen Erfolg profitierte – auch dank Egks Geschick im NS-Machtapparat.

Dagegen, dass Egk die Kulturpolitik des NS-Regimes mit allen Mitteln bekämpft hätte, sprechen bis Kriegsende sämtliche Briefaussagen Egks, ebenso die Werke, die er teils im Auftrag des Ministeriums in Kongruenz mit der herrschenden Ideologie gestaltete (*Job der Deutsche*, *Fanfaren* für den Reichsparteitag in Nürnberg, *Olympische Festmusik*, Filmmusik zu *Jungens*) sowie die Werke, die er ohne Staatsauftrag nach den Prämissen der NS-Ideologie komponierte (z. B. *Mein Vaterland*, *Georgica*), vor allem aber diejenigen Werke, die er in der Art einer verdeckten »Schandschau« konzipierte: Die Opern *Die Zaubergeige* und *Peer Gynt*, denen allerdings gemischte Reaktionen entgegengkamen, da ihre zugrunde liegende Intention nicht primär von jedem verstanden wurde.

An einige Komponisten, Künstler und Freunde schickte Egk ausformulierte, individuell angepasste Muster für Entlastungsschreiben, die diese ihm ausstellen sollten.[490] Solch ein Muster ging – mit der Bitte um seine Zeugenaussage – u. a. an den Komponisten Boris Blacher:

> Etwa so: »Ich kenne den Egk als Antifaschisten und Antimilitaristen seit vielen Jahren. Er hat insbesondere gegen die Kulturpolitik des Goebbels getan was er nur konnte. Ich selbst hatte als Staatenloser und unter die Nürnberger Gesetze Fallender große Schwierigkeiten. Als der berüchtigte Gerigk zum Vernichtungsschlag gegen mich ausholte intervenierte Egk so-

[489] Brief von Willy Strecker an Werner Egk vom 28. Februar 1946, BSB/Ana 800.B.I.Egk, Werner, Mappe 8274.

[490] Vgl. Custodis und Geiger, *Netzwerke der Entnazifizierung*, S. 128f.

fort und energisch beim Promi und bei der Kulturkammer ohne Rücksicht auf seine Person, sodass das Äusserste vermieden wurde.« Oder so ähnlich. Bitte seien Sie mir nicht böse wegen der Schreiberei aber die Sache muss durchgestanden werden. Bei den amerikanischen Behörden bin ich schon durch. Aber ohne die deutsche Nachbehandlung nützt das auch nichts.[491]

Agathe von Tiedemann[492] hatte Egk für das Verfahren bei der Kammer der Kunstschaffenden bereits eine Erklärung ausgestellt. Darin heißt es:

> [...] Die kulturpolitisch vollkommen integre Haltung Egks – vom politischen garnicht [sic] zu reden – war nahezu jedem anständig denkenden Musiker bekannt, ebenso bekannt wie die feindliche [sic] Haltung des Leiters der Musikabteilung im Pro-Min., Dr. Drewes, gegen den immer mehr an Boden gewinnenden Egk. [...][493]

Diese Aussage schien Egk für die Verhandlung vor der Spruchkammer wohl sachdienlicher als eine von Drewes ausgestellte Bescheinigung, die nicht überliefert ist. Egk schrieb an Drewes:

> Ihre Aussage habe ich zurückgehalten für den Fall, dass ich sie während der Verhandlung brauchen sollte, wie übrigens auch eine Reihe anderer. Es war aber nicht mehr nötig.[494]

Eine Bescheinigung von Drewes hätte der Aussage Tiedemanns widersprochen, und da man Drewes zudem als ehemaligen NS-Kulturfunktionär hätte identifiziert können, ließ Egk dessen Aussage aus. Egk hatte Drewes seinerseits bereits im Dezember 1946 ein Gespräch in München vorgeschlagen, um die wichtigsten Punkte für Drewes eigene Erklärung zu erörtern.[495] In der eidesstattlichen Erklärung Egks ist folgende Passage zu lesen:

---

491 Brief von Werner Egk an Boris Blacher vom 13. Februar 1946, BSB/Ana 410.

492 Agathe von Tiedemann war die Privatsekretärin des Dirigenten Wilhelm Furtwängler, sie setzte sich auch für dessen Rehabilitierung im Entnazifizierungsprozess ein; vgl. Klaus Lang, *Wilhelm Furtwängler im Briefwechsel mit Wieland Wagner, Curt Riess, Walter Legge und Agathe von Tiedemann*, Aachen 2013, S. 9.

493 Erklärung von Agathe von Tiedemann vom 27. Juni 1946, StAM/Karton 339, S. 1.

494 Brief von Werner Egk an Heinz Drewes vom 25. Oktober 1947, BSB/Ana 410.

495 Vgl. Brief von Werner Egk an Heinz Drewes vom 2. Dezember 1946, ebd.

> Dr. Heinz Drewes war meine Nichtzugehörigkeit zur NSDAP und meine kritische Einstellung gegenüber der Partei und ihre Kulturpolitik bekannt. Trotzdem forderte er mich im Jahre 1938, nachdem ich mich durch den Erfolg meiner ersten Oper »Die Zaubergeige« künstlerisch durchsetzen konnte, auf an der Begutachtung von symphonischen und Opernwerken die für die Reichsmusiktage eingereicht worden waren teilzunehmen.[496]

Egk erklärte in seinem Schreiben für Drewes einen Widerspruch, der auch ihn selbst betraf. Drewes war ab 1937 Leiter der Abteilung Musik im Propagandaministerium und damit der Reichsmusikprüfstelle. Er war für die Schandschau »Entartete Musik« während der ersten Reichmusiktage 1938 in Düsseldorf mitverantwortlich gewesen. Es ist sehr unwahrscheinlich, dass Drewes Egk zur dortigen Mitarbeit aufgefordert hätte, wenn Egks Loyalität gegenüber der Kulturpolitik des Ministeriums und dem Regime anzuzweifeln gewesen wäre. Nicht zuletzt wurde beim Abschlusskonzert der Reichsmusiktage Egks Kantate *Natur-Liebe-Tod* aufgeführt.[497]

Ein weiteres Dokument zur Distanzierung und Reinwaschung der eigenen Person ist ein Entlastungsschreiben für Generalintendant Hans Meissner, der 1935 *Die Zaubergeige* in Frankfurt uraufgeführt hatte[498], das hier in voller Länge wiedergegeben sei:

> Ich hatte in den Jahren 1935–1945 Gelegenheit die nationalsozialistische Kulturpolitik, ihre Absichten und Methoden in der Praxis und vielfach aus unmittelbarer Nähe kennenzulernen. Als Hauptverantwortlicher für die »weltanschauliche Ausrichtung« der Partei und aller ihrer Gliederungen in Bezug auf alles was mit Musik zu tun hatte ist Dr. Herbert Gerigk, Abteilungsleiter im Amt Rosenberg, anzusehen, welcher eine grundsätzliche, von nationalsozialistischen Ideen gespeiste reaktionäre Gesamthaltung mit einem wütenden Antisemitismus verband. Eine grosse Zahl fortschrittlicher Komponisten, wie zum Beispiel ich selbst oder in der Ausstellung »Entartete Kunst« angeprangert wurden, wie zum Beispiel Hermann Reutter, oder aber von ihm und damit vom Amt Rosenberg und damit von der Partei abgelehnt wurden, sind von Hans Meissner in sei-

496 Eidesstattliche Erklärung von Werner Egk an Heinz Drewes vom 3. April 1947, ebd.

497 Vgl. Klee, *Das Kulturlexikon zum Dritten Reich*, S. 115.

498 Vgl. Egk, *Die Zeit wartet nicht*, S. 216f.

> ner Eigenschaft als Theaterleiter oder in anderer Eigenschaft bewusst herausgestellt und gegen den offiziellen Kurs gefördert worden. Allein schon aus diesem Grund wurde er kulturpolitisch gesehen mit Recht in diesen Jahren als sichere Stellung gegen die Absichten des Nationalsozialismus angesehen. Ich erinnere in diesem Zusammenhang an Meissners Bemühungen um Hindemith und sein Wirken um Orff, Egk, Reutter, Frommel, Hessenberg und zahlreiche andere. Ich empfinde es als charakteristisch für die heutige Situation, dass zwar der Hauptschuldige Gerigk noch nicht einmal ermittelt, geschweige denn zur Verantwortung gezogen wurde, dass der Hauptschuldige Staatsrat Hans Severus Ziegler, Duzfreund Hitlers und Organisator der Ausstellung »Entartete Musik« unbelästigt im Rheinland lebt, dass aber andrerseits ein Hans Meissner und andere tätige Gegenspieler dieser genannten Hauptschuldigen in die Situation gebracht wurden, in welcher sich Gerigk, Ziegler und Konsorten befinden müssten.[499]

Egk entlastete sich, indem er den Hauptschuldigen benannte, ihn als »Duzfreund Hitlers« betitelte und sich selbst in eine Reihe mit Gegnern und Verfemten der NS-Kulturpolitik stellte. Dabei war seine Ansprache der Schwächen des Entnazifizierungs-Apparates faktisch korrekt. Herbert Gerigk war in der Verfolgung von Juden und »jüdisch Versippten« einer der verheerendsten Protagonisten der NS-Kulturpolitik gewesen.[500] Über Gerigks unbehelligtes Davonkommen war Egk jedoch vor allem deshalb verärgert, weil bei ihm selbst an Weihnachten 1947 noch eine Berufungsklage aus Hessen eingegangen war. Davon schrieb Egk an Drewes:

> Lieber Doktor Drewes,
> nach einer kurzen Ruhepause habe ich den Kampf – so unglaublich es klingen mag – mit den Windmühlen wieder aufnehmen müssen. [...] Der hessische Befreiungsminister meint, ich wäre doch Nutzniesser. [...] Dass Strobel nichts mehr hören liess erklärt sich durch den Ärger den er anlässlich seiner Aussage zu meinen Gunsten hatte. Die Frankfurter Rundsau [sic] hat ihn angestänkert etwa unter der Devise: Ein Nazi hilft dem andern!!!!!!!! Gerigk wird sich vor Vergnügen gar nicht mehr auskennen. Unter diesen Umständen dürften weitere Aussagen von Strobel bei den

499 Brief von Werner Egk an Hans Meissner vom 30. März 1948, BSB/Ana 410.
500 Vgl. Klee, *Das Kulturlexikon zum Dritten Reich*, S. 179f.

entsprechenden Volksbelustigungen kaum mehr zu erwarten und auch wenig zweckmäßig sein.[501]

Die Berufungsklage wurde im April 1948 zurückgezogen, womit Egk endgültig als entnazifiziert galt.[502]

7.5 Karriere ohne Bruch

Nach einem Fest bei den Egks in Inning am Ammersee 1963 pries Ludwig Strecker den dort genossenen Überfluss und merkte dazu an:

> Für mich ist das Ganze umso beglückender, weil ich die Entwicklung und den ganzen Aufstieg miterlebt habe, von der ersten Inflations-Schwierigkeit an bis zu dem heute Erreichten. Es gibt wenig Entwicklungen, die so geradlinig verlaufen sind.«[503]

Anlässlich der Uraufführung von *Die Verlobung in San Domingo* im neu eröffneten Nationaltheater in München schrieb Ludwig Strecker 1963 an Egk:

> Ich denke an unsere frühen Gespräche, [...]. Ich hatte damals das bestimmte Gefühl, dass Du als einziger von meinen Komponisten-Freunden berufen seist, die Opernbühne zu bedienen und bis jetzt hast Du uns alle auch nicht enttäuscht. Und nun soll der Höhepunkt kommen mit einem Start, wie ihn nicht einmal Richard Strauss zur Verfügung hatte.[504]

---

501 Brief von Werner Egk an Heinz Drewes vom 26.12.1947, BSB/Ana 410.

502 Vgl. Spieker, »Werner Egk«, Webseite.

503 Brief von Ludwig Strecker an Werner Egk vom 5. August 1963, BSB/Ana 410/G, Schneider Schott bis 1970.

504 Brief von Ludwig Strecker an Werner Egk vom 21. November 1963, BSB/Ana 410/G, Schott Korrespondenz.

Egks Erfolg riss also nicht ab. Er hatte auch den Abraxas-Skandal zu seinen Gunsten gewendet[505] und war einer der erfolgreichsten und mehrfach ausgezeichneten lebenden Komponisten der Nachkriegszeit.[506]

505 Vgl. Schläder, Cromme, Frank und Frühinsfeld, *Wie man wird was man ist*, S. 280f.

506 Vgl. Spieker, »Werner Egk«, Webseite; Zu Egks Karriere im Nachkriegs-Deutschland und speziell an der Münchner Staatsoper sei auf den Beitrag verwiesen in dem Buch: Schläder, Cromme, Frank und Frühinsfeld, *Wie man wird was man ist*, S. 279ff.

8 Fazit

Egks Berichte aus seinen jungen Jahren legen nahe, dass anarchistische Jungengruppen und paramilitärische Gruppierungen eine Faszination auf ihn ausgeübt haben. Die Zusammenschau der berücksichtigten Quellen, aus welchen in diesem Rahmen nur eine Auswahl von Zitaten dargestellt werden konnte, zeigt einen Werner Egk, der möglicherweise bereits in seiner Jugend, spätestens aber ab Ende der 1920er-Jahre von völkischem, antisemitischem Gedankengut erfasst war, das sich – soweit erkennbar – vornehmlich gegen Kollegen oder (vermeintliche) Konkurrenten richtete. Seine antisemitischen Ressentiments hinderten ihn dabei nicht daran, opportunistisch in gehobenen Kreisen mit jüdischen Hintergrund zu verkehren.

Unmittelbar nach der Machtübernahme brachte er seinen Gestaltungswillen in den Aufbau der nationalsozialistischen Volksgemeinschaft ein. Obgleich er nach dem Krieg mit Erfolg das Gegenteil behauptete, entsteht aus den untersuchten Quellen durchgehend der Eindruck, dass Egk mit Überzeugung im Sinne der NS-Ideologie tätig war. Im untersuchten Material findet sich kein Zeugnis des Widerstands gegen das NS-Regime, ebenso ist in den vorhandenen Briefen an seine Frau Elisabeth auch keine innere Distanzierung im privaten Bereich zu erkennen. Vielmehr legte Egk Wert darauf, von den Machthabern bemerkt zu werden und ihre Akzeptanz zu finden. An Staatsaufträgen arbeitete er (das ist für *Job der Deutsche* belegt und geht aus der Musik für *Jungens* hervor) mit Begeisterung.

Egk diskreditierte jüdische und weitere verfemte Musikschaffende sowie Kollegen in seinen Schriften pauschal öffentlich. Im Fall Heinrich Kaminski erfolgte eine persönliche Diskreditierung gegenüber dessen Geschäftspartner. Der Fingerzeig auf Clemens Krauss offenbart, dass Egk auch qua seines Amtes als Leiter der Fachschaft der Komponisten zu Denunzierungen bereit war. Dass Egk außer bei Krauss gegen weitere Musikschaffende, Juden oder »jüdisch versippten« oder andere Verfemte ebenso gehandelt hat, geht aus dem untersuchten Material nicht hervor. Es ist jedoch nicht auszuschließen, dass er mündlich Informationen weitergegeben hat oder im Hintergrund entsprechend agierte. In diesem Kontext ist insbesondere seine kameradschaftlich-vertrauensvolle Zusammenarbeit mit Hans Hinkel relevant.

Nach dem Ende der NS-Herrschaft stellte er sich als Widerständigen und naives Opfer dar, er verdrehte und leugnete Tatsachen, wozu er auch sein Umfeld veranlasste. Er denunzierte andere, um seine Mitschuld zu schmälern bzw. seine Unschuld darzustellen. Die untersuchten Quellen zeigen vonseiten Werner Egks kaum Reflexion über seine Haltung und sein Agieren vor und während des »Dritten Reiches«. Er kommunizierte nach 1945 konsequent, Gegner und Opfer sowie Antifaschist gewesen zu sein. Sein Freispruch vor der Spruchkammer bezeugt demgemäß die Schwächen des Entnazifizierungsverfahrens, in dessen Zuge man nicht in der Lage war, Aussagen fundiert zu überprüfen. Dass er entgegen dem Urteil der Spruchkammer als Nutznießer des »Dritten Reiches« zu gelten hat, wurde zuletzt durch Friedrich Geiger dargelegt.[507]

Über Nutznießerschaft hinaus geht, dass Werner Egk in seiner Oper *Die Zaubergeige* mit der Darstellung des Guldensack einen deutlich antisemitischen Akzent setzte. Seiner Oper *Peer Gynt* ist eine Inszenierung »entarteter« Musik und »menschlicher Minderwertigkeit« inhärent, die ebenfalls nicht ausschließlich künstlerisch-musikalisch motiviert war. Vielmehr kann Werner Egk mit diesen Opern als NS-Aktivist gesehen werden, der seiner zuerst in Briefen, später in Aufsätzen geäußerten antisemitischen und nationalsozialistischen Gesinnung die Bühne bot und sich damit aktiv an Diffamierung und Ausgrenzung beteiligte.

Egk versuchte als Leiter der Fachschaft Komponisten in der Reichsmusikkammer über Hans Hinkel betreffend die Spielpläne ein weitgreifendes Reglementierungssystem an deutschen Opernhäusern zu implementieren. Auch darin ist – neben Profitgier – Aktivismus im Sinne der NS-Propaganda erkennbar, da es Egks Ziel war, Aufführungen lebender reichdeutscher Komponisten im In- und Ausland zu protegieren. Etwaige Konsequenzen und Auswirkungen dieses Ansinnens konnten im Rahmen dieser Arbeit nicht untersucht werden.

In Egks Briefen und Äußerungen bleiben nach 1945 Antisemitismus und NS-Rhetorik festzustellen. Für die Verbrechen und das Leid, welche Juden und anderen Verfemten während der NS-Zeit angetan worden war, fand sich im untersuchten Material kein Anzeichen von Mitgefühl, Bedauern oder Reue.[508]

---

507 Geiger, »Werner Egk als Leiter der Fachschaft Komponisten«, S. 87–100.

508 Andreas Jaschinski, »Egk, eigentl. Mayer, Werner (Joseph)«, in: MGG (*Die Musik in Geschichte und Gegenwart. Allgemeine Enzyklopädie der Musik*), 2., neu bearbeitete Ausgabe, hrsg. von Ludwig Finscher, Personenteil, Bd. 6, Kassel u. a. ²1999, Sp. 117–122,

Werner Egks Verhalten und seine Äußerungen vor, während und nach der Zeit des Nationalsozialismus sind fragwürdig. Über den Einfluss Elisabeth Egks können dabei keine Aussagen getroffen werden. Es sei an dieser Stelle nochmals ausdrücklich betont, dass die Untersuchungen sich ausschließlich auf Werner Egks nationalsozialistische Vergangenheit bezogen haben. Diese Studie möchte zu einer Neubewertung von Quellen und Aussagen sowie zu einer Gesamtaufarbeitung des vorhandenen Materials anregen.

hier Sp. 119; hier wird konstatiert, »daß Egk nach dem Krieg kein Wort der Erschütterung oder Betroffenheit über die Verbrechen des Nationalsozialismus äußerte.«

Anhang

Brieftranskription

Brief von RR Karl, München, an Frau Oberlandesgerichtsrat Karl, Augsburg, vom 20. Juni 1923

Redaktionelle Vorbemerkungen

Sämtliche Zeilenumbrüche werden mit dem Zeichen »|« im Fließtext markiert. Unterstreichungen und Orthographie sind wie im Original wiedergegeben. Herausgeberanmerkungen stehen in eckigen Klammern. Der Seitenumbruch wird angezeigt.

Quelle

Original in: Stadtarchiv Donauwörth, WE-K-1-5,
1 Doppelblatt (= 2 Bl.) mit 4 beschr. Seiten, Hochformat, autograph beschrieben, mit Briefkuvert

Beschriftung Briefkuvert

Z. H. | Frau Oberlandesgerichtsrat Karl | Augsburg | B208/1 |
Abs: RR [Reichsbahnrat] Karl | München | Kaiserpl. 8/II

Brieftext

[Bl. 1r] 20.6.23
Anbei der Gepäckschein.
Auf deinen Brief möchte ich kurz er- | widern: | Ich muss vor allem den Vorwurf zurückwerfen, | daß ich schuld daran sein soll, wenn Vater, wie | du dich ausdrückst, »zusammengeht.« Ich fühle | mich in diesem Falle vollständig frei von Schuld, | und habe auch, glaube ich, meinen Standpunkt, | im letzten Brief

klar genug dargelegt. Demnach ist | gar kein Grund vorhanden und war meinerseits | nie beabsichtigt, mit euch in ein schlechtes Verhältnis | zu kommen. Im Gegenteil, ich habe ausdrücklich | betont, daß mir nichts ferner liegt als das | Einvernehmen mit dir und Vater trüben zu | [Bl. 1v] wollen. Wenn Ihr nicht wißt oder nicht sehen | wollt, wer der ganz allein schuldige Teil ist, | so kann das nur von einem ganz ungerechten, voreingenommenen und parteiischen Standpunkt | aus geschehen, den ich gerade Vater als Richter am | allerwenigsten zugetraut hätte. Und ob die Sorge | für seine Tochter nicht mehr wirkt als meine Stellung- | nahme, möchte ich doch dahingestellt sein lassen, wenn | man sichs auch nicht eingestehen will. Im Gegensatz | zu anderen, die ganz nach Lust und Laune alles | machen dürfen, und stets bewundernde Zustimmung | und Billigung finden, scheine ich für Euch eben der | Sklave zu sein, der lediglich zu gehorchen und zu allem Ja und Amen zu sagen hat. Lang genug habe ichs ge- | tan, aber einmal ist das Maß voll; das bin ich mir und meiner Stellung einfach schuldig. Und daß ich doch nicht so ganz unrecht habe mit meiner | Ansicht, das beweist die Meinung aller außenstehen- | den normal denkenden Leutc, wenigstens | soweit sie mir bis jetzt zu Ohren kam, und es sind | [Bl. 2r] nicht wenige. Was meine Unversöhnlichkeit | betrifft, so befindest du dich im Irrtum; eine Ver- | söhnung setzt eine Feindschaft oder dgl. voraus. Eine solche ist jedoch meinerseits absolut nicht vorhanden. Das ist eine vollständige Verkennung der Sachlage. | Ich habe mich lediglich – übrigens nach dem ausdrücklichen | Wunsch Vaters, wie Euch auch schon mitgeteilt, – auf | den Boden der Tatsachen gestellt, der für mich der ist: | An Stelle meiner Schwester ist nun Frau Meier | getreten, die mich nicht im geringsten interessiert. | Es ist also, wie du siehst, nichts zum Versöhnen da. | Wieso sie mir also großmütig die Hand bieten | will, ist mir schleierhaft. Sie kann doch tun und | lassen was sie will, besonders, da, je größer der | Blödsinn, er um so mehr Eure Billigung findet, | ich nehme jedoch auch für mich in Anspruch, mich dazu | zu stellen, wie ich es für richtig halte. Selbstverständlich | hat auch jedermann das Recht, mir etwas zu schen- | ken – von einem Verwirken zu reden, ist also | fast grotesk – diesem Recht auf der andern Seite | entspricht aber doch nicht die unbedingte Pflicht meiner- | [Bl. 2v] seits, jedes Geschenk annehmen zu müssen. Dabei | möchte ich zur Vermeidung jeglichen Mißverständnisses | betonen, daß August (für mich als Bräutigam meiner | Schwester heißt er so, nicht Jostel [?]) von mir <u>keinerlei</u> Auf- | trag hatte, das Buch an Frau Meier zu geben; Ich gab | es ihm lediglich mit nach Augsburg, ohne ihm | auch nur zu sagen, was es sei, was er jedoch wahrscheinlich gleich merkte. | Also

auch ein »mit mir unter der Decke stecken« liegt nicht | vor. | Auch möchte ich der dringendsten und inständigsten Bitte | Ausdruck geben, an Luises Hochzeitstag nicht zu versuchen | wieder einen Dolchstoß von hinten gegen mich zu inszenieren, | was ich insgeheim immer befürchtete und was, wie aus dei- | nem Brief klar hervorgeht, auch beabsichtigt war. Obichs [sic] nochmal | so gut aushalten würde, weiß ich nicht, ich habe durch die | ganze famose Affäre gerade genug mitgemacht und werde | immer von neuem aufgeregt, wenn ich kaum glaube, | wieder etwas zur Ruhe gekommen zu sein. Interessieren | würde mich nur lebhaft, was Ludwig dazu gesagt hätte, | und ob die Sache, wenn er noch lebte, meinetwegen Vorkriegs- | verhältnisse angenommen, auch so gegangen wäre wie jetzt. | Ob Vater meinen genauen Standpunkt u. meinen | letzten Brief kennt, weiß ich nicht, doch muß ich nach allem | Vorhergegangenen annehmen, daß keiner von Euch sich | auch nur im geringsten [sic] bemüht, mir etwas Verständnis entge- | gegenzubringen [sic], weshalb auch alle Erklärungen von mir nutz- [Bl. 1r, oben] los sind. Jedenfalls möchte ich | nicht verfehlen, nochmals zu betonen, | daß [ich] mit Euch, namentlich Vater und | dir in keiner Weise auf anderen Füßen stehen möchte als bis- | her auch, eben als Euer Sohn. Unmögliches jedoch dürft ihr von mir | nicht verlangen. – Im übrigen [sic] ersuche ich noch, weitere Beschimpfungen | gegen mich unterlassen zu wollen.
herzlichst immer Dein E.

Dokumente

Dokument 1

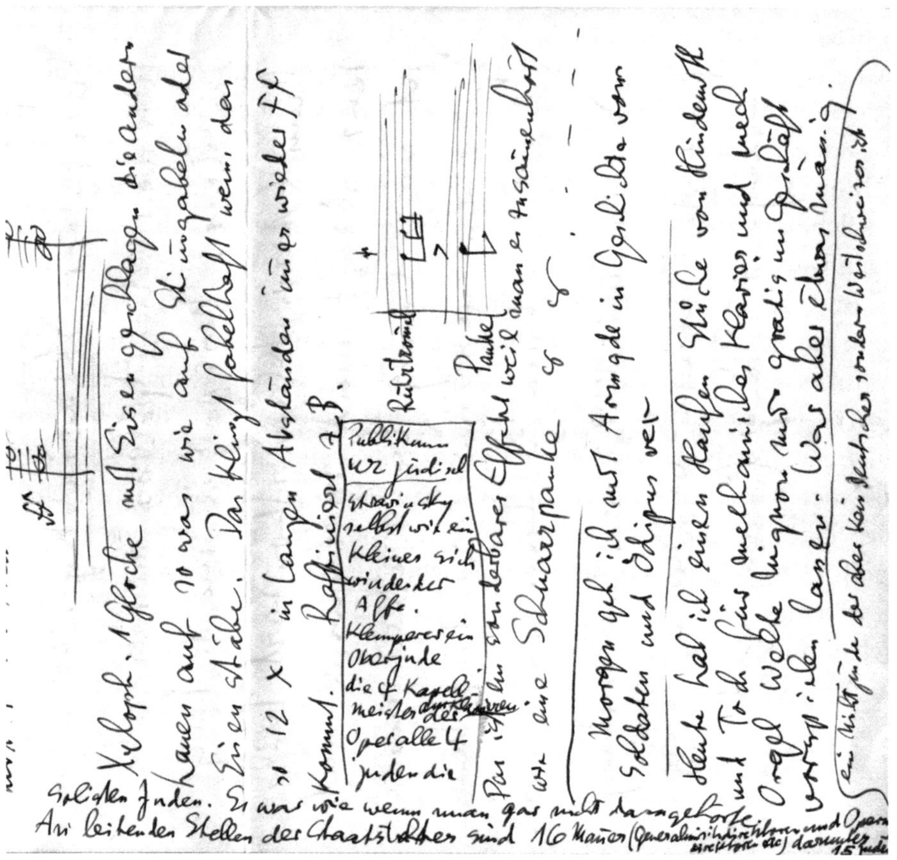

Brief von Werner Egk an Elisabeth Egk, 19. Juni 1929, StA-Don/WE-K-2-5 (Ausschnitt, quer, siehe unter 2.1.1)

[waagerecht, Mitte und unten] Publikum | urjüdisch | Strawinsky | selbst wie ein | kleiner sich | windender Affe. | Klemperer ein | Oberjude die 4 Kapell- | meister am [sic] Klavieren der | Oper alle 4 | Juden die | Solisten Juden. Es war wie wenn man gar nicht dazugehörte.| An leitenden Stellen der Staatstheater sind 16 Männer (Generalmusikdirektoren und Opern | direktoren etc) darunter | 15 Juden | [rechter Rand senkrecht] ein Nichtjude der aber kein Deutscher sondern Westschweizer ist

Dokument 2

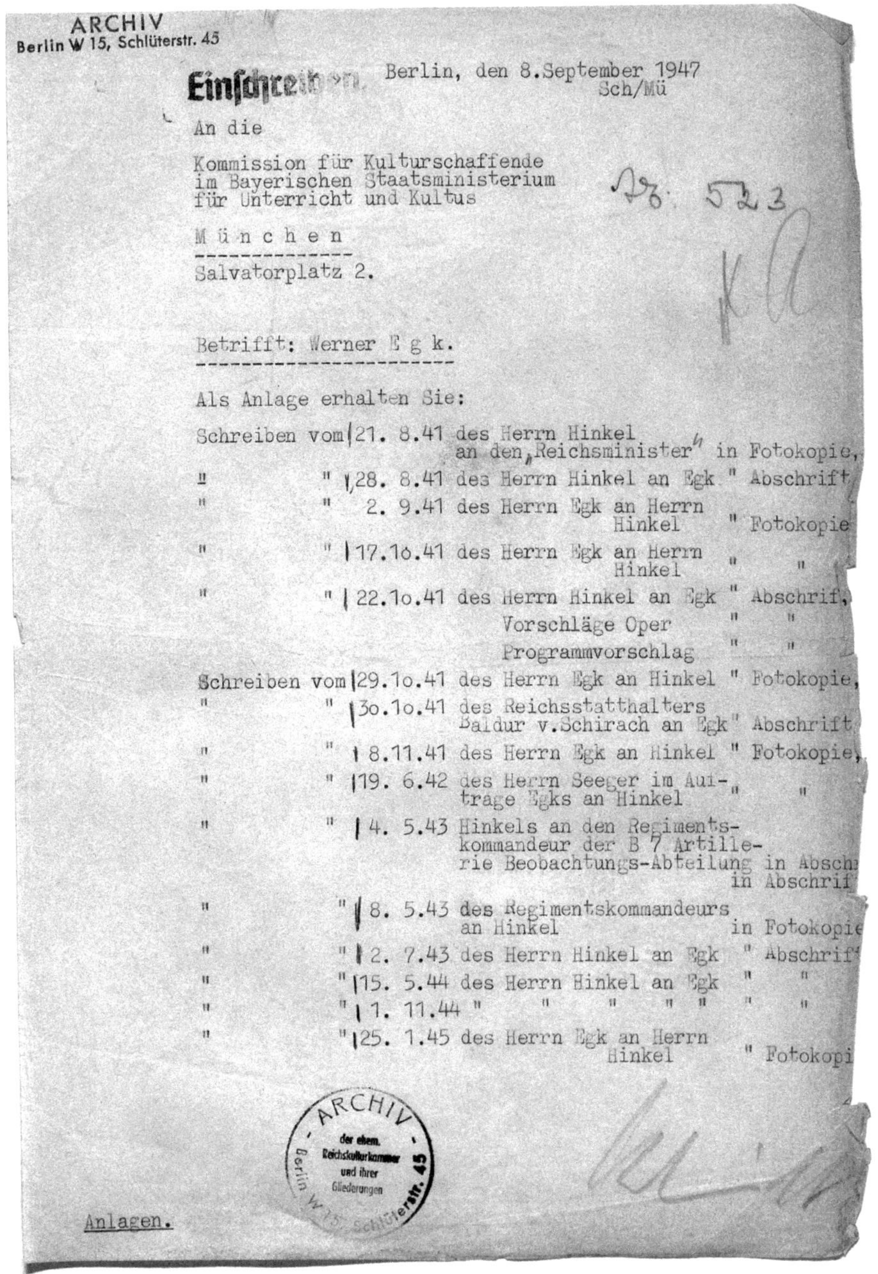

ARCHIV
Berlin W 15, Schlüterstr. 45

Einschreiben.

Berlin, den 8.September 1947
Sch/Mü

An die

Kommission für Kulturschaffende
im Bayerischen Staatsministerium
für Unterricht und Kultus

München

Salvatorplatz 2.

Nr. 523

Betrifft: Werner E g k.

Als Anlage erhalten Sie:

Schreiben vom 21. 8.41	des Herrn Hinkel an den „Reichsminister"	in Fotokopie,
" " 28. 8.41	des Herrn Hinkel an Egk	" Abschrift
" " 2. 9.41	des Herrn Egk an Herrn Hinkel	" Fotokopie
" " 17.10.41	des Herrn Egk an Herrn Hinkel	" "
" " 22.10.41	des Herrn Hinkel an Egk	" Abschrift
	Vorschläge Oper	" "
	Programmvorschlag	" "
Schreiben vom 29.10.41	des Herrn Egk an Hinkel	" Fotokopie,
" " 30.10.41	des Reichsstatthalters Baldur v.Schirach an Egk	" Abschrift
" " 8.11.41	des Herrn Egk an Hinkel	" Fotokopie,
" " 19. 6.42	des Herrn Seeger im Auftrage Egks an Hinkel	" "
" " 4. 5.43	Hinkels an den Regimentskommandeur der B 7 Artillerie Beobachtungs-Abteilung	in Abschrift
" " 8. 5.43	des Regimentskommandeurs an Hinkel	in Fotokopie
" " 2. 7.43	des Herrn Hinkel an Egk	" Abschrift
" " 15. 5.44	des Herrn Hinkel an Egk	" "
" " 1. 11.44	" " " " "	" "
" " 25. 1.45	des Herrn Egk an Herrn Hinkel	" Fotokopie

ARCHIV der ehem. Reichskulturkammer und ihrer Gliederungen – Berlin W 15, Schlüterstr. 45

Anlagen.

Auflistung des Briefwechsels Egk–Hinkel vom 8. September 1947, StAM/Karton 339

Dokument 3

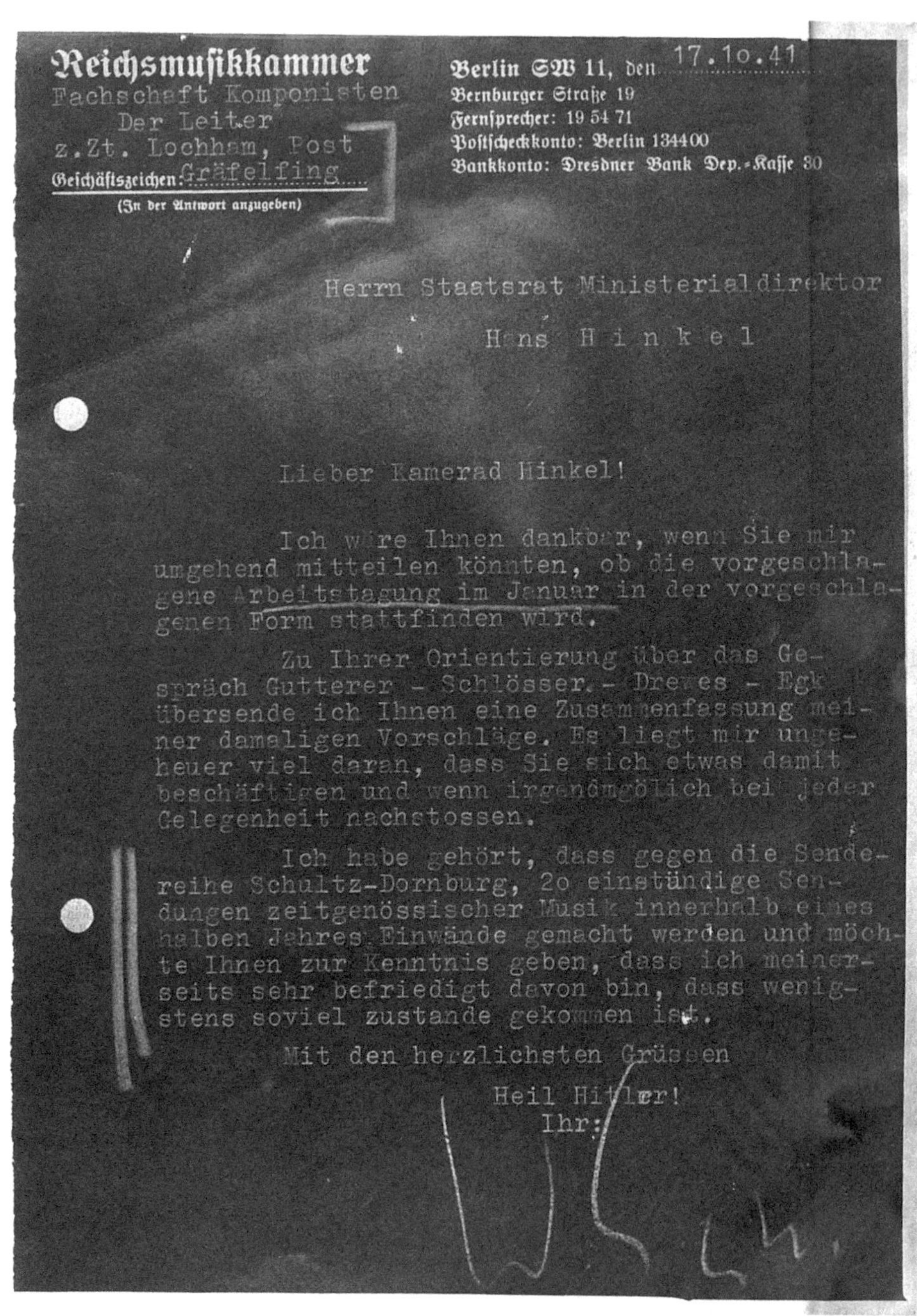

Reichsmusikkammer
Fachschaft Komponisten
Der Leiter
z.Zt. Lochham, Post
Geschäftszeichen: Gräfelfing
(In der Antwort anzugeben)

Berlin SW 11, den 17.1o.41
Bernburger Straße 19
Fernsprecher: 19 54 71
Postscheckkonto: Berlin 134400
Bankkonto: Dresdner Bank Dep.-Kasse 30

Herrn Staatsrat Ministerialdirektor
Hans Hinkel

Lieber Kamerad Hinkel!

Ich wäre Ihnen dankbar, wenn Sie mir umgehend mitteilen könnten, ob die vorgeschlagene Arbeitstagung im Januar in der vorgeschlagenen Form stattfinden wird.

Zu Ihrer Orientierung über das Gespräch Gutterer - Schlösser - Drewes - Egk übersende ich Ihnen eine Zusammenfassung meiner damaligen Vorschläge. Es liegt mir ungeheuer viel daran, dass Sie sich etwas damit beschäftigen und wenn irgendmöglich bei jeder Gelegenheit nachstossen.

Ich habe gehört, dass gegen die Sendereihe Schultz-Dornburg, 2o einstündige Sendungen zeitgenössischer Musik innerhalb eines halben Jahres Einwände gemacht werden und möchte Ihnen zur Kenntnis geben, dass ich meinerseits sehr befriedigt davon bin, dass wenigstens soviel zustande gekommen ist.

Mit den herzlichsten Grüssen

Heil Hitler!
Ihr:

Brief von Werner Egk an Hans Hinkel, 17. Oktober 1941, StAM/Karton 339

Dokument 4

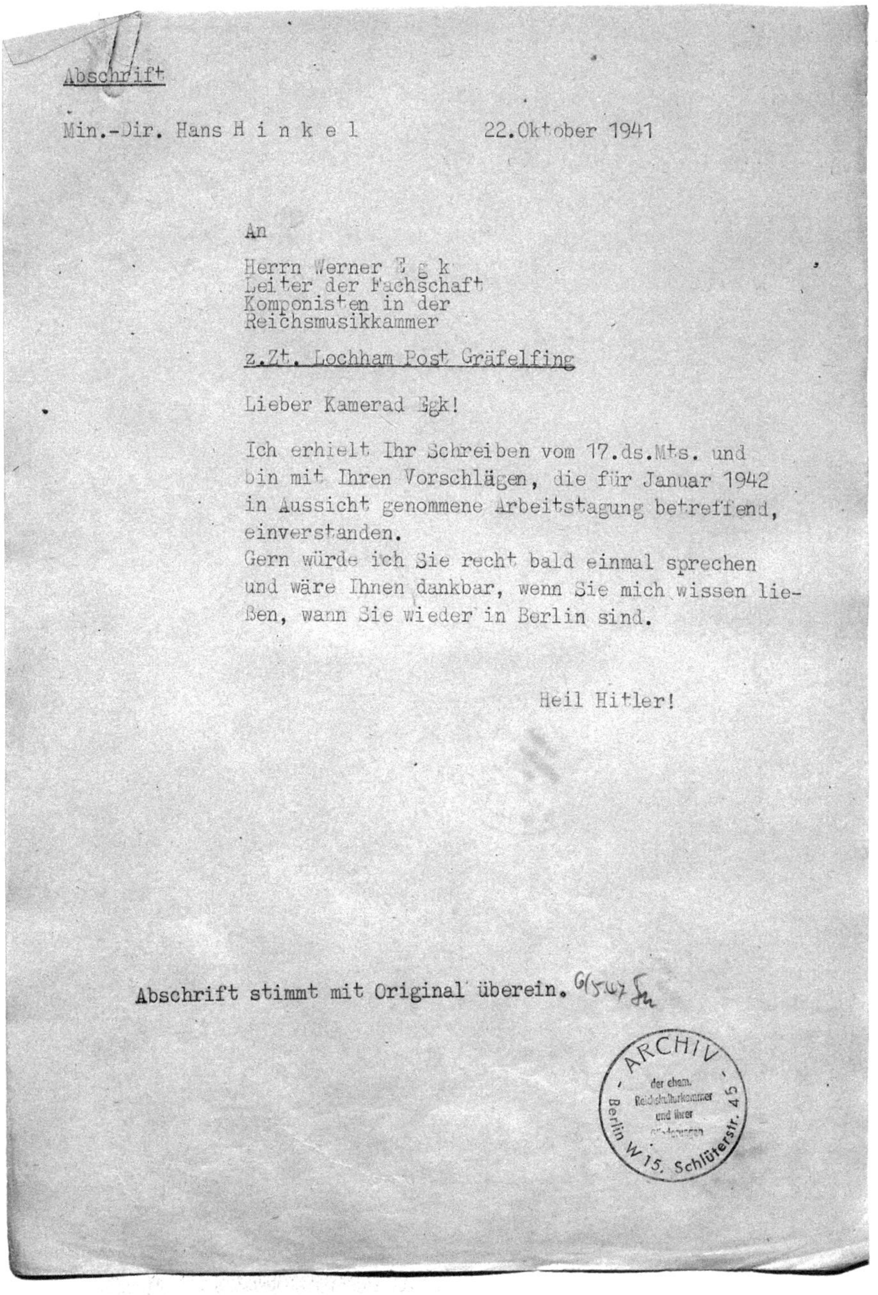

Abschrift

Min.-Dir. Hans H i n k e l 22.Oktober 1941

An

Herrn Werner E g k
Leiter der Fachschaft
Komponisten in der
Reichsmusikkammer

z.Zt. Lochham Post Gräfelfing

Lieber Kamerad Egk!

Ich erhielt Ihr Schreiben vom 17.ds.Mts. und bin mit Ihren Vorschlägen, die für Januar 1942 in Aussicht genommene Arbeitstagung betreffend, einverstanden.
Gern würde ich Sie recht bald einmal sprechen und wäre Ihnen dankbar, wenn Sie mich wissen ließen, wann Sie wieder in Berlin sind.

Heil Hitler!

Abschrift stimmt mit Original überein.

Brief von Hans Hinkel an Werner Egk, 22. Oktober 1941, StAM/Karton 339

Dokument 5

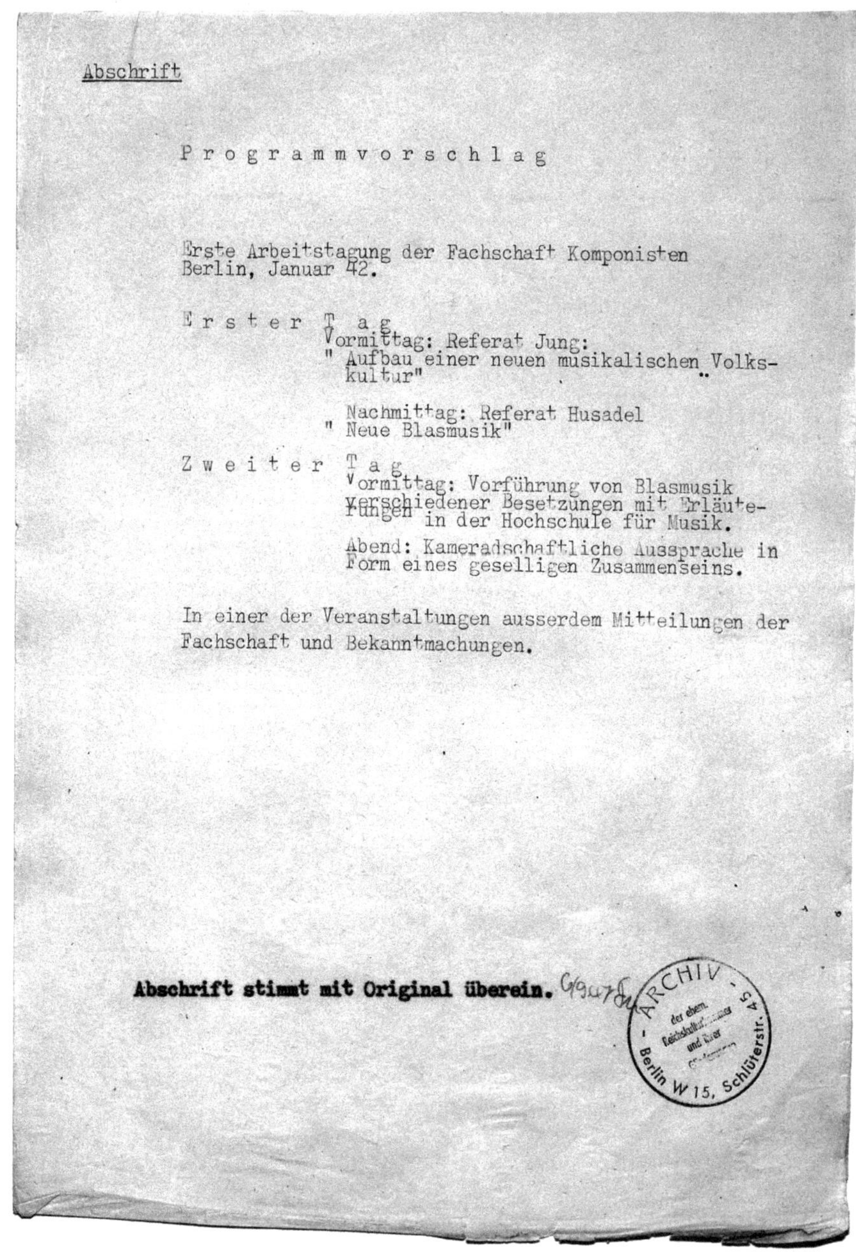

Abschrift

P r o g r a m m v o r s c h l a g

Erste Arbeitstagung der Fachschaft Komponisten
Berlin, Januar 42.

E r s t e r T a g
Vormittag: Referat Jung:
" Aufbau einer neuen musikalischen Volkskultur"

Nachmittag: Referat Husadel
" Neue Blasmusik"

Z w e i t e r T a g
Vormittag: Vorführung von Blasmusik verschiedener Besetzungen mit Erläuterungen in der Hochschule für Musik.

Abend: Kameradschaftliche Aussprache in Form eines geselligen Zusammenseins.

In einer der Veranstaltungen ausserdem Mitteilungen der Fachschaft und Bekanntmachungen.

Abschrift stimmt mit Original überein.

Werner Egk, »Programmvorschlag« zur Arbeitstagung der Fachschaft Komponisten, StAM/Karton 339

Dokument 6/1

Abschrift

vorschläge Egks an das Propagandaministerium

\- 1 -

VORSCHLÄGE OPER:

1. Im Geist der Weiterbildung eines d e u t s c h e n Opernrepertoires und um der drohenden Überfremdung des deutschen Opernspielplanes zu begegnen, wird bestimmt, dass an jedem deutschen Operntheater auf je zehn Neueinstudierungen, zwei Erstaufführungen eines Werkes eines lebenden deutschen Autors treffen müssen.

   An Stelle der zweiten Erstaufführung kann aber auch die Wiederaufnahme oder Neueinstudierung eines nach dem Jahr 1933 entstandenen, an der betreffenden Bühne schon erstaufgeführten Werkes eines lebenden deutschen Autors treten. Eine dieser beiden Erstaufführungen bezw. die Wiederaufnahme, oder die Erstaufführung muss der musikalische Oberleiter der Bühne übernehmen.

   Die Ausstattungskosten für das Werk eines lebenden deutschen Autors soll nicht unter der Hälfte der höchsten Summe liegen, die in der laufenden Spielzeit für eine Ausstattung aufgewendet wurde.

   Als deutsche Autoren gelten nur reichsdeutsche Autoren.

2. Ausländische Uraufführungen sind genehmigungspflichtig und nur dann erwünscht, wenn dafür im Austausch ein entsprechendes neues deutsches Werk im Ausland als Veranstaltung einer ausländischen Bühne gespielt wird.

Ich habe den Spielplan der deutschen Opernbühnen während der letzten fünf Spielzeiten durchgearbeitet und im besonderen eine Aufstellung der Spielpläne der fünf grössten, bedeutensten und wichtigsten deutschen Bühnen, der Staatsoper Berlin, München, Hamburg, Dresden und Wien, und ausserdem als Ergänzung der Opernhäuser Stuttgart, Frankfurt und Köln gemacht.

Werner Egk, »Vorschläge Oper«, S. 1, StAM/Karton 339

Dokument 6/2

- 2 -

Der auffallenste Umstand ist der aussergewöhnlich breite Raum, den die ausländischen Autoren und Werke zahlenmässig einehmen. Von 12443 Aufführungen an den genannten acht Bühnen, in den fünf Spielzeiten von September 1935 bis zum August 1941, waren nicht weniger als 57oo ausländischen Werken vorbehalten.

Die höchste Aufführungszahl erreichte.

Wagner mit 1913 Aufführungen,
dann folgt Verdi mit 1896 Aufführungen,
dann Puccini mit 1291 Aufführungen,
u,d. erst Mozart mit 998 Aufführungen,

sodass die beiden italienischen Spitzenautoren zusammen mit 3187 Aufführungen, die beiden meistaufgeführten Deutschen mit zusammen 2911 Aufführungen weit hinter sich lassen.

In einzelnen der genannten Theater hat überhaupt Verdi die absolute Spitze, zumal an der

Staatsoper Berlin mit 351 gegenüber 245 Wagneraufführungen, a.d.
Staatsoper Dresden mit 248 gegenüber 222 Wagneraufführungen.

Es ist nicht das erstemal, dass ähnliche Feststellungen gemacht werden, und es ist auch nicht meine Aufgabe mich darum zu kümmern, dass die deutschen Spitzenautoren mehr am deutschen Theater aufgeführt werden als die italienischen, was mich aber als Leiter der Fachschaft Komponisten interessieren muss, ist die Frage des organischen Weiterwachsens eines deutschen Opernrepertoires. Wenn diese Frage nicht gelöst wird, dann wird die deutsche Opernbühne in sehr kurzer Zeit zu einem reichlich überflüteten Repräsentationsmuseum geworden sein.

Es ist keinem deutschen Autor nach Pfitzner, Strauss und Wolf-Ferrari mehr gelungen, auch nur ein einziges Werk ins Repertoire zu bringen, weil keine einzige Bühne planmässig und ernstliche Versuche gemacht hat, eines der jüngeren Werke über Jahre hinaus im Spielplan zu halten, oder nach Jahren wieder neu einzustudieren. Die Erfolge der gesamten jungen Generation z.B. der Komponisten Gerster, Wagner-Regny, Reuter,Griff,Egk,Lothar, Schultz usw. sind deshalb reine

Werner Egk, »Vorschläge Oper«, S. 2, StAM/Karton 339

Dokument 6/3

- 3 -

Scheinerfolge, denn diese Komponisten erreichten ihre Aufführungszahlen mit ihrem jeweils neuesten Werk das uraufgeführt und an einer Reihe von Bühnen so meist in einer einzigen Spielzeit abgespielt wurde, um dann nach der dritten oder vierten Spielzeit überhaupt vom deutschen Bühnenspielplan zu verschwinden. Dabei ist das nicht so zu verstehen, als ob selbst die erfolgreichsten Spitzenwerke der jüngeren Generation von allen, oder regelmässig auch nur von der Mehrzahl der deutschen Opernbühnen nachgespielt worden wären.

Wien hat z.B. von 1552 Opernaufführungen in 5 Jahren, 19 jüngeren deutschen Werken gewidmet, München von 174o nur 29, Dresden von 1636 nur 27, Köln von 1268 nur 37, Berlin immerhin von 1726 61, und Stuttgart von 1328, die im Vergleich zu den übrigen Zahlen sehr hohe Anzahl von 1o5.

Während Stuttgart in fünf Jahren beispielsweise 17 deutsche Autoren, darunter 1o jüngere aufführt, hat Wien im gleichen Zeitraum nur 2 aufgeführt und das auch erst in jüngster Zeit.

Seit Clemens Krauss wurden in München zwar drei lebende deutsche Autoren, die zusammen über 2oo Jahre alt sind, aufgeführt (Strauss, Pfitzner und Wolf Ferrari) dagegen nur ein jüngerer mit einem halben Abend, der nach der fünften Aufführung wieder spurlos verschwand. Das nur am Rand.

Eine entscheidende Frage in Bezug auf die organische Weiterbildung eines deutschen Repertoires, ist die Herstellung eines gesunden Verhältnisses der Anzahl der Uraufführungen zur Anzahl der Erstaufführungen. Es wurden an den untersuchten acht Bühnen im Zeitraum von fünf Jahren 27 lebende deutsche Autoren uraufgeführt, dazu noch 34 von lebenden ausländischen Autoren ganz abgesehen von den 14 Erstaufführungen lebender ausländischer Autoren im gleichen Zeitraum. Von diesen 111 Uraufführungen in fünf Jahren hatten etwa 5o % in der 2.Spielzeit schon keine einzige Aufführung mehr und ein ganz wesentlicher Teil kam über die Uraufführungsbühne und dort nicht über zwei bis vier Aufführungen überhaupt nicht heraus. 1937 und 38 hatten von 27 Uraufführungen 24 nur die Uraufführungsbühne und gerade die ausländischen Werke liefern einen hohen Prozentsatz dieser grotesken Misserfolge. Das ist allerdings kein Wunder, da ja in der Regel nicht gerade die besten Werke eines

Landes zur Uraufführung ins Ausland abgegeben werden, sondern

Werner Egk, »Vorschläge Oper«, S. 3, StAM/Karton 339

Dokument 6/4

\- 4 -

meistens die, für die sich keine inländische Bühne findet. Der Grund für die zu geringe Anzahl der Erstaufführungen und vor allem, für das nahezu gänzliche Fehlen jüngerer deutscher Werke und ahdrerseits für die enorme Anzahl vollkommen wertloser Uraufführungen liegt darin, dass eine Uraufführung naturgemäss ein grösseres Presse-Echo hat, als eine Erstaufführung, selbst dann, wenn das uraufgeführte Werk nur eine einzige Aufführung an einer einzigen Bühne erreichen sollte. Der riesige Anteil des Auslandes an der Anzahl der Uraufführungen in Deutschland mag zum Teil politisch bedingt sein, doch lässt es sich auf keine Weise rechtfertigen, dass seit sechs Jahren, um nur von den Italienern zu reden, eine so grosse Reihe von lebenden ausländischen Autoren, mit zum Teil recht wertlosen Werken bei uns uraufgeführt wurden, wie: Bossi in Lübeck, Giannini in Hamburg, Ollegra mit zwei Werken in Stendal und Kassel, Camess in Dortmund, Mulé in Düsseldorf, Pedrollo in Dortmund, Menotti in Gera, Napoli in Mannheim, abgesehen von den Offiziellen Casella Lualdi, Moliniero und Marinuzzi mit insgesamt sechs Uraufführungen, von denen 2 in Stuttgart und Bremen und die übrigen in Leipzig, Gera und Berlin stattgefunden haben.

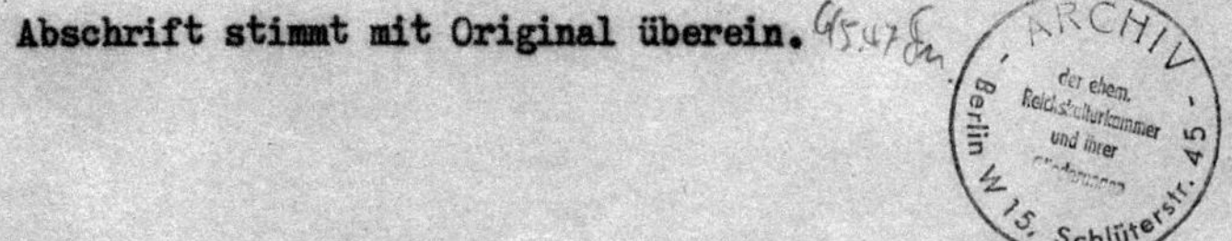
Abschrift stimmt mit Original überein.

Werner Egk, »Vorschläge Oper«, S. 4, StAM/Karton 339

Dokument 7

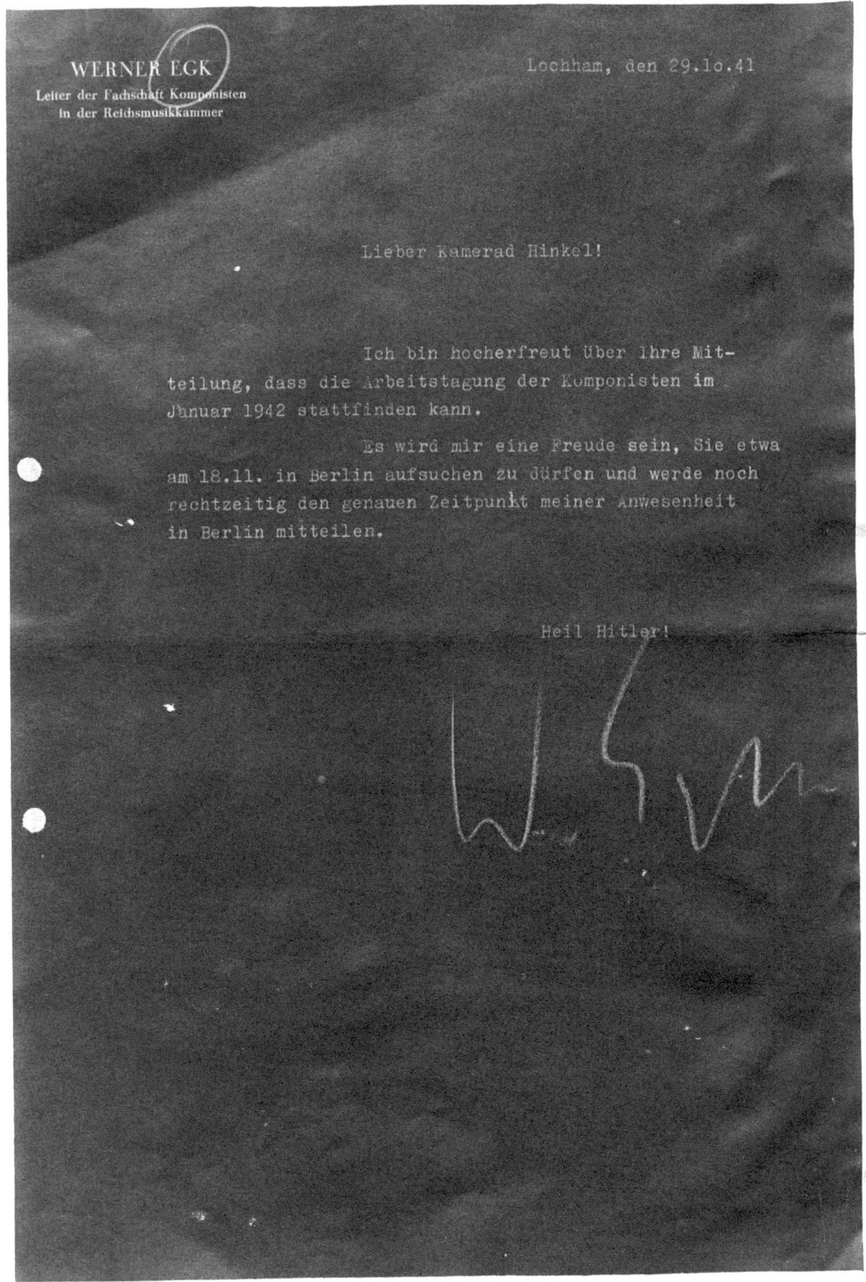

WERNER EGK
Leiter der Fachschaft Komponisten
in der Reichsmusikkammer

Lochham, den 29.1o.41

Lieber Kamerad Hinkel!

Ich bin hocherfreut über Ihre Mitteilung, dass die Arbeitstagung der Komponisten im Januar 1942 stattfinden kann.

Es wird mir eine Freude sein, Sie etwa am 18.11. in Berlin aufsuchen zu dürfen und werde noch rechtzeitig den genauen Zeitpunkt meiner Anwesenheit in Berlin mitteilen.

Heil Hitler!

W. Egk

Brief von Werner Egk an Hans Hinkel, 29. Oktober 1941, StAM/Karton 339

Quellen- und Literaturverzeichnis

Quellen

Briefe und Akten

StA-Don/WE-K-0-0 (Stadtarchiv Donauwörth, Werner Egk, Korrespondenz mit Elisabeth Egk)

BSB/Ana 410 (Bayerische Staatsbibliothek, Nachlass Werner Egk)

BSB/Ana 410 / G (Bayerische Staatsbibliothek, Nachlass Werner Egk, »G« für »Geschäftskorrespondenz« von der Autorin hinzugefügt)

BSB/Ana 800.B.I.Egk, Werner (Bayerische Staatsbibliothek, Safearchiv des Verlags B. Schott's Söhne, Mainz, Werner Egk)

StAM/Spruchkammerakten Karton 339 Egk Werner * 17.05.1901 (Staatsarchiv München)

StadtAA, Meldebögen, Egk Werner, 1901 (Stadtarchiv Augsburg)

StadtAA, Meldebögen, KARL Franz, 1857

StadtAA, Meldebögen, Künanz Erich, 1890

Stadtmagistrat Augsburg (Hrsg.), *Adreß-Buch der Stadt Augsburg für das Jahr 1916*, Augsburg 1916

Stadtrat Augsburg (Hrsg.), *Einwohnerbuch der Stadt Augsburg 1926*, Augsburg 1926

Film, Interview und Schallplatte

Egk, Werner, *Marsch der deutschen Jugend aus dem Tonfilm: Blaue Jungens*, Musikkorps Wachbataillon Berlin, Guido Grosch (Ltg.), Telefunken 10273, Schallplatte, https://archive.org/details/jugend_202111 [abgerufen am 21.3. 2024]

Stemmle, Robert A., »Jungens«, in: *Murnau Stiftung*, www.murnau-stiftung.de/index.php/movie/465 [abgerufen am 21.3.2024]

Stemmle, Robert A., »1941 – Jungens«, Spielfilm, in: *Internet Archive*, https://archive.org/details/1941-Jungens [abgerufen am 21.3.2024]

Troschke, Harald von, »Interview mit Werner Egk«, in: *Harald Troschke Archiv*, https://troschke-archiv.de/interviews/werner-egk [abgerufen am 21.3.2024]

Musikalien und Texte

Egk, Werner, *Die Zaubergeige. Spieloper in drei Akten nach Pocci von Ludwig Andersen und Werner Egk*, Partitur, Mainz 1935

Egk, Werner, *Die Zaubergeige. Spieloper in drei Akten nach Pocci von Ludwig Andersen und Werner Egk, Textbuch*, Mainz 1954

Egk, Werner, *Judenmusik*, Partitur, in: 10 Pieces, BSB (Bayerische Staatsbibliothek) Mus.ms. 17529

Egk, Werner, *Marsch der deutschen Jugend*, in: Fred K. Prieberg, Musik im NS-Staat, S. 28f.

Egk, Werner, *Peer Gynt. Oper in drei Akten in freier Neugestaltung nach Ibsen*, Klavierauszug von Hans Bergese, Mainz 1938 / 1966

Pocci, Franz Graf von, *Die sechs schönsten Puppenkomödien*, Frankfurt am Main, [1924]

Schriften

Egk, Werner, »Bücherschau«, in: *Völkische Kultur, Monatsschrift für die gesamte geistige Bewegung des neuen Deutschlands*, 3/III (1935), S. 140

Egk, Werner, »Hörspielmusik«, in: *Völkische Kultur, Monatsschrift für die gesamte geistige Bewegung des neuen Deutschlands*, 1/XI (1933), S. 277f.

Egk, Werner, »Musik gestern und heute«, in: *Völkische Kultur, Monatsschrift für die gesamte geistige Bewegung des neuen Deutschlands*, 1/X (1933), S. 208–211

Egk, Werner, »Musik und Rasse«, in: *Völkische Kultur, Monatsschrift für die gesamte geistige Bewegung des neuen Deutschlands*, 3/IV (1935) S. 284f.

Egk, Werner, »Pflicht zur Auslese«, in: *Völkische Kultur. Monatsschrift für die gesamte geistige Bewegung des neuen Deutschlands*, 4/I (1936), S. 31–33

Egk, Werner, »Volksschauspiel und Musik«, in: *Völkische Kultur. Monatsschrift für die gesamte geistige Bewegung des neuen Deutschlands*, 1/XII (1933), S. 317–319

Literatur

Die Bibel oder die ganze Heilige Schrift des Alten und Neuen Testaments nach der Übersetzung von Martin Luther, hrsg. von der Württembergischen Bibelanstalt Stuttgert, Stuttgart 1970

»Die Spielgemeinschaften für nationale Festgestaltung«, in: *Theater-Tageblatt*, Nr. 1231/32, 29. Juli 1933

»Ein Ballett von Egk in Antwerpen«, in: *Neues Musikblatt*, 15 / März (1936), S. 2, https://archive.org/details/NeuesMusikblatt1934-1937/page/n133/mode/2up?q=Egk&view=theater [abgerufen am 21.3.2024]

»Hans Swarowsky. Musik, Kultur und Politik im 20. Jahrhundert«, in: *Institut für Musikwissenschaft und Interpretationsforschung*, Universität für Musik und darstellende Kunst Wien, www.mdw.ac.at/imi/?h=swarowsky&PageId=3967#nach%20oben [abgerufen am 21.3.2024]

»Kroll-Oper«, in: *Deutscher Bundestag*, www.bundestag.de/parlament/geschichte/schauplaetze/kroll_oper [abgerufen am 21.3.2024]

»Moritz von Faber du Faur«, in: *Bibliothek für Hugenottengeschichte*, www.bfhg.de/die-hugenotten/hugenotten-und-ihre-nachkommen/faber-du-faur-von/ [abgerufen am 21.3.2024]

»Schubiak«, in: *Digitales Wörterbuch der deutschen Sprache*, www.dwds.de/wb/Schubiak [abgerufen am 21.3.2024]

Abegg, Werner, »Kaminski, Heinrich«, in: MGG (*Die Musik in Geschichte und Gegenwart. Allgemeine Enzyklopädie der Musik*), 2., neu bearbeitete Ausgabe, hrsg. von Ludwig Finscher, Personenteil, Bd. 9, Kassel u. a. [2]1999, Sp. 1426–1430

Andreas, Knut, »Graener, Paul«, in: MGG (*Die Musik in Geschichte und Gegenwart. Allgemeine Enzyklopädie der Musik*), 2., neu bearbeitete Ausgabe, hrsg. von Ludwig Finscher, Personenteil, Bd. 7, Kassel u. a. [2]1999, Sp. 1455–1457

Boberach, Heinz, *Jugend unter Hitler*, Düsseldorf 1982

Böswald, Alfred, »Erinnerungen an eine schwierige Zeit 1933–1945. Gesprächsnotizen«, in: *Der unbekannte Werner Egk. Beiträge zum 2. Werner-Egk-Symposium Donauwörth 17.–19. Mai 2001*, hrsg. von Herbert Kurz und Ottmar Seuffert im Auftrag der Stadt Donauwörth, Donauwörth 2007, S. 8–15

Born, Karl Erich, »Luther, Hans« in: *Neue Deutsche Biographie*, Bd. 15, hrsg. von der Historischen Kommission bei der Bayerischen Akademie der Wissenschaften, Berlin 1987, S. 544–547

Braunmüller, Robert, »Aktiv im kulturellen Wiederaufbau. Werner Egks verschwiegene Werke nach 1933«, in: *Werner Egk: Eine Debatte zwischen*

Ästhetik und Politik, hrsg. von Jürgen Schläder, München 2008 (Münchner Universitäts-Schriften. Studien zur Münchner Theatergeschichte, Bd. 3), S. 33–69

Bußmann, Annette, *Zu Adaption und Demontage von Architekturgeschichte im »Neuen Bauen« der Weimarer Republik: Alfred Gellhorn (1885–1972). Bauten, Projekte, Schriften 1920 bis 1933.*, Diss. Philipps-Universität Marburg, 2 Bde., hier: Bd. 1, Marburg 2004 https://archiv.ub.uni-marburg.de/diss/z2006/0797/pdf/Textband.pdf [abgerufen am 21.3.2024]

Cramer-Fürtig, Michael, und Gotto, Bernhard (Hrsg.), *»Machtergreifung« in Augsburg. Anfänge der NS-Diktatur 1933–1937*, Augsburg 2008

Custodis, Michael, und Geiger, Friedrich, *Netzwerke der Entnazifizierung. Kontinuitäten im deutschen Musikleben am Beispiel von Werner Egk, Hilde und Heinrich Strobel*, Münster 2013 (Münsteraner Schriften zur zeitgenössischen Musik, Bd. 1)

Drewniak, Boguslaw, *Der deutsche Film 1938–1945. Ein Gesamtüberblick*, Düsseldorf 1987

Dümling, Albrecht, *Anpassungsdruck und Selbstbehauptung. Der Schott-Verlag im ›Dritten Reich‹*, Regensburg 2020 (Musik und Zeitgeschichte, Bd. 1)

Dümling, Albrecht, »Von Weltoffenheit zur Idee der NS-Volksgemeinschaft. Werner Egk, Carl Orff und das Festspiel *Olympische Jugend*«, in: *Werner Egk: Eine Debatte zwischen Ästhetik und Politik*, hrsg. von Jürgen Schläder, München 2008 (Münchner Universitäts-Schriften. Studien zur Münchner Theatergeschichte, Bd. 3), S. 5–32

Dümling, Albrecht, »Werner Egk, Carl Orff und Richard Strauss. Ihr Beitrag zu Carl Diems Festspiel ›Olympische Jugend‹«, in: *Erinnerungskultur im Sport. Vom kritischen Umgang mit Carl Diem, Sepp Herberger und anderen Größen des Sports*, hrsg. von Michael Krüger, Berlin 2012 (Studien zur Geschichte des Sports, Bd. 13), S. 57–73

Eckart, Dietrich, *Peer Gynt. In freier Übertragung für die deutsche Bühne eingerichtet, mit Vorwort und Richtlinien*, München 1916

Egk, Werner, *Die Zeit wartet nicht. Künstlerisches Zeitgeschichtliches Privates aus meinem Leben*, München [5]1981

Egk, Werner, *Verzeichnis der veröffentlichten Werke*, Mainz [u. a.] 2000

Eichberg, Henning; Dultz, Michael; Gadberry, Glen und Rühle, Günther, *Massenspiele. NS-Thingspiel, Arbeiterweihespiel und olympisches Zeremoniell*, Stuttgart 1977

Faber du Faur, Moriz von, *Macht und Ohnmacht, Erinnerungen eines alten Offiziers*, Gräfelfing 1953

Fleermann, Bastian, »‚der Musik ein liebevoller und verständiger Ausdeuter'. Zeitungsausschnitte zum Wirken des Dirigenten Jascha Horenstein in Düsseldorf (1928–1933)«, in: *Jahresbericht 2009. Mahn- und Gedenkstätte Düsseldorf*, hrsg. von der Mahn- und Gedenkstätte Düsseldorf, Düsseldorf 2010, www.ns-gedenkstaetten.de/fileadmin/files/d_mug_Jahresbericht_2009.pdf, [abgerufen am 21.3.2024], S. 31f.

Frank, Karl Suso, »Skapulier«, in: *Lexikon für Theologie und Kirche*, Bd. 9, hrsg. von Walter Kasper, Freiburg im Breisgau [3]2000, Sp. 653

Fröhlich, Elke (Hrsg.), *Die Tagebücher von Joseph Goebbels*, I/7, München 1998

Fröhlich, Elke (Hrsg.), *Die Tagebücher von Joseph Goebbels*, I/9, München 1998

Geiger, Friedrich, »‚Einer unter Hunderttausend'. Hans Hinkel und die NS-Kulturbürokratie«, in: *Dresden und die avancierte Musik in 20. Jahrhundert. Teil II: 1933–1966*, hrsg. von Matthias Herrmann und Hanns-Werner Heister, Laaber 2002 (Musik in Dresden, Bd. 5), S. 47–61

Geiger, Friedrich, »Affirmation und Ausgrenzung. Zur Bedeutung von Musik für das NS-Regime«, in: *Kunst im NS-Staat. Ideologie, Ästhetik, Protagonisten*, hrsg. von Wolfgang Benz, Peter Eckel und Andreas Nachama, Berlin 2015, S. 349–367

Geiger, Friedrich, »›Can be employed‹: Walter Abendroth im Musikleben der Bundesrepublik«, in: *Deutsche Leitkultur Musik? Zur Musikgeschichte nach dem Holocaust*, hrsg. von Albrecht Riethmüller, Stuttgart 2006, S. 131–142

Geiger, Friedrich, »Edwin von der Nüll – ein Bartók-Forscher im NS-Staat«, in: *Musikforschung – Faschismus – Nationalsozialismus*, hrsg. von Isolde von Foerster, Christoph Hust und Christoph-Hellmut Mahling, Mainz 2001, S. 359–371

Geiger, Friedrich, »Werner Egk als Leiter der Fachschaft Komponisten in der Reichsmusikkammer«, in: *Die Reichsmusikkammer. Kunst im Bann der Nazi-Diktatur*, hrsg. von Albrecht Riethmüller und Michael Custodis, Köln [u. a.] 2015, S. 87–100

Germann, Holger, *Alfred Rosenberg. Sein politischer Weg bis zur Neu- (Wieder) Gründung der NSDAP im Jahre 1925*, Diss. Universität Duisburg, London 1988

Geschke, Linus, »Mutter der Erlebnisgastronomie. Berlins Haus Vaterland«, in: *Spiegel Geschichte*, 22.03.2013, www.spiegel.de/geschichte/erlebnisgastronomie-haus-vaterland-in-berlin-a-951068.html [abgerufen am 21.3.2024]

Grimm, Brüder, *Kinder-und Hausmärchen*, Bd. 2, Berlin 1815

Hausmann, Alfred, »Alfred Rosenbusch«, in: *Online-Gedenkbuch*, hrsg. von der ErinnerungsWerkstatt Augsburg e. V., https://gedenkbuch-augsburg.de/biografien/alfred-rosenbusch [abgerufen am 21.3.2024]

Heer, Hannes und Haken, Boris von »Der Überläufer Heinz Tietjen. Der Generalintendat der Preußischen Staatstheater im Dritten Reich«, in: *Zeitschrift für Geschichtswissenschaft*, 28/1 (2010), S. 28–53

Hinkel, Hans (Hrsg.), *Handbuch der Reichskulturkammer*, Berlin 1937

Hitler, Adolf, *Mein Kampf*, München [173]1936

Hobratschk, Jason P., *Werner Egk and Joan Von Zarissa: Music as Politics and Propaganda under National Socialism*, Diss. Florida State University, 2011, http://purl.flvc.org/fsu/fd/FSU_migr_etd-4912 [abgerufen am 21.3.2024]

Hübner, Christoph, »Reichskriegsflagge, 1923–1925«, in: *Historisches Lexikon Bayerns*, www.historisches-lexikon-bayerns.de/Lexikon/Reichskriegsflagge,_1923–1925 [abgerufen am 21.3.2024]

Jaschinski, Andreas, »Egk, eigentl. Mayer, Werner (Joseph)«, in: MGG (*Die Musik in Geschichte und Gegenwart. Allgemeine Enzyklopädie der Musik*), 2., neu bearbeitete Ausgabe, hrsg. von Ludwig Finscher, Personenteil, Bd. 6, Kassel u. a. [2]1999, Sp. 117–122

Jauslin, Christian, »Caspar Neher«, in: *Theaterlexikon der Schweiz*, Bd. 2, hrsg. von Andreas Kotte, Zürich 2005, S. 1312f.

Jauslin, Christian, »Oskar Wälterlin«, in: *Theaterlexikon der Schweiz*, Bd. 3, hrsg. von Andreas Kotte, Zürich 2005, S. 2048–2050

Kammer, Hilde und Bartsch, Elisabeth, *Lexikon Nationalsozialismus. Begriffe, Organisationen und Institutionen*, Reinbek bei Hamburg 1999

Kater, Michael H., *Komponisten im Nationalsozialismus. Acht Porträts*, Berlin 2004

Kellenter, Theodor, *Die Gottbegnadeten. Hitlers Liste unersetzbarer Künstler*, Kiel 2020

Kimmel, Elke, »Eckart, Dietrich«, in: *Handbuch des Antisemitismus. Judenfeindschaft in Geschichte und Gegenwart*, Bd. 2/1, hrsg. von Wolfgang Benz, Berlin [u. a.] 2009, S. 196f.

Kimmel, Elke, »Hinkel, Hans«, in: *Handbuch des Antisemitismus. Judenfeindschaft in Geschichte und Gegenwart*, Bd. 2/1, hrsg. von Wolfgang Benz, Berlin [u. a.] 2009, S. 363

Klee, Ernst, *Das Kulturlexikon zum Dritten Reich. Wer war was vor und nach 1945*, Frankfurt am Main 2009

Klee, Ernst, *Das Personenlexikon zum Dritten Reich. Wer war was vor und nach 1945*, Frankfurt am Main [5]2021

Kolbe, Corina, »Der Dirigent, der spionierte. Hans Swarowsky zwischen Zürich und dem ›Dritten Reich‹«, in: *Neue Züricher Zeitung*, 23.11.2019, www.nzz.ch/feuilleton/hans-swarowsky-drahtseilakte-zwischen-zuerich-und-dem-dritten-reich-ld.1523308 [abgerufen am 21.3.2024]

Koop, Volker, *»Wer Jude ist, bestimme ich«, »Ehrenarier« im Nationalsozialismus*, Wien [u. a.] 2014

Kroll, Erwin, »Fachschaft Komponisten unter neuer Führung«, in: *Deutsche Allgemeine Zeitung (DAZ)*, 11. Juli 1941

Kurz, Herbert und Seuffert, Ottmar (Hrsg.), *Der unbekannte Werner Egk. Beiträge zum 2. Werner-Egk-Symposium Donauwörth 17.–19. Mai 2001*, Donauwörth 2007

Lang, Klaus, *Wilhelm Furtwängler im Briefwechsel mit Wieland Wagner, Curt Riess, Walter Legge und Agathe von Tiedemann*, Aachen 2013

Laux, Karl »Werner Egk«, in: *Jahrbuch der Deutschen Musik 1943*, Leipzig 1943, S. 123f.

Leonhard, Joachim-Felix (Hrsg.), *Programmgeschichte des Hörfunks in der Weimarer Republik*, 2 Bde. München 1997

Messmer, Franzpeter, »Werner Egk: Weltbürger auf dem Weg zur Weltmusik?«, in: *Der unbekannte Werner Egk. Beiträge zum 2. Werner-Egk-Symposium Donauwörth, 17.–9. Mai 2001*, hrsg. von Herbert Kurz und Ottmar Seuffert, Donauwörth 2007, S. 20–28

Michels, Ulrich, *dtv-Atlas Musik*, München [4]2015

Oancea, Theodora, »Heinz Drewes«, in: *Kollaborateure – Involvierte – Profiteure. Musik in der NS-Zeit*, hrsg. von Rebecca Grotjahn, Universität Paderborn / Hochschule für Musik Detmold, 2019, https://kollaborateure-involvierte-profiteure.uni-paderborn.de/index.php/Werner_Egk.html [abgerufen am 21.3.2024]

Oschilewski, Walther G., *Zeitungen in Berlin. Im Spiegel der Jahrhunderte*, Berlin 1975

Patzelt, Peter, »Ein Bürokrat des Verbrechens. Hans Hinkel und die ›Entjudung‹ der deutschen Kultur«, in: *Deutsche Publizistik im Exil 1933 bis 1945. Personen – Positionen – Perspektiven. Festschrift für Ursula E. Koch*, hrsg. von Markus Behmer (Kommunikationsgeschichte, Bd. 11), Münster 2000, S. 307–317

Pechau, Manfred, *Nationalsozialismus und deutsche Sprache*, Diss. Ernst-Moritz-Arendt-Universität zu Greifswald, Greifswald 1935

Plewnia, Margarete, *Auf dem Weg zu Hitler. Der völkische Publizist Dietrich Eckart*, Bremen 1970 (Studien zur Publizistik, Bd. 14)

Prieberg, Fred K., *Handbuch deutsche Musiker 1933–1945*, CD-ROM, 2004, https://archive.org/details/bib130947_001_001/page/6/mode/2up?q=Egk&view=theater [abgerufen am 21.3.2024]

Prieberg, Fred K., *Musik im NS-Staat*, Frankfurt am Main 1982

Rathkolb, Oliver, *Carl Orff und der Nationalsozialismus*, Mainz 2021 (Publikationen des Orff-Zentrums München, Bd. II/2)

Rathkolb, Oliver, *Führertreu und Gottbegnadet*, Wien 1991

Röhm, Ernst, *Die Geschichte eines Hochverräters*, München [2]1930

Rosenberg, Alfred, »Der Schicksalskampf der deutschen Kultur«, in: *Der Weltkampf. Monatsschrift f. Weltpolitik, völkische Kultur u. die Judenfrage aller Länder*, V / H. 53 (1928)

Rosenberg, Alfred, *Das Verbrechen der Freimaurerei. Judentum, Jesuitismus, Deutsches Christentum*, München 1921

Rosenberg, Alfred, *Der Mythus des 20. Jahrhunderts. Eine Wertung der seelisch-geistigen Gestaltenkämpfe unserer Zeit*, München [146]1939

Schläder, Jürgen, (Hrsg.): *Werner Egk: Eine Debatte zwischen Ästhetik und Politik*, München 2008 (Münchner Universitäts-Schriften. Studien zur Münchner Theatergeschichte, Bd. 3).

Schläder, Jürgen; Cromme, Rasmus; Frank, Dominik und Frühinsfeld, Katrin (Hrsg.), *Wie man wird was man ist. Die Bayerische Staatsoper vor und nach 1945*, Leipzig 2017

Schleusener, Jan Thomas »Entnazifizierung und Rehabilitierung. Vergangenheitsaufarbeitung im Fall Egk«, in: *Werner Egk: Eine Debatte zwischen Ästhetik und Politik*, hrsg. von Jürgen Schläder, München 2008 (Münchner Universitäts-Schriften. Studien zur Münchner Theatergeschichte, Bd. 3), S. 103–118

Schlosser, Horst Dieter, *Sprache unterm Hakenkreuz. Eine andere Geschichte des Nationalsozialismus*, Köln [u. a.] 2013

Schmidt, Christian Martin, »Schönberg, Schoenberg, Arnold (Franz Walter)«, in: MGG (*Die Musik in Geschichte und Gegenwart. Allgemeine Enzyklopädie der Musik*), 2., neu bearbeitete Ausgabe, hrsg. von Ludwig Finscher, Personenteil, Bd. 14, Kassel u. a. [2]1999, Sp. 1580–1646

Schwandt, Christoph, »Hofmüller und der Nazi aus Weimar (1928–1944)«, in: *Oper in Köln. Von den Anfängen bis zur Gegenwart*, hrsg. von Christoph Schwandt, Berlin 2007, S. 255–306

Seuffert, Ottmar, »Eine Werner-Egk-Recherche im Bundesarchiv zu Berlin 2001«, in: *Der unbekannte Werner Egk. Beiträge zum 2. Werner-Egk-Symposium Donauwörth 17.–19. Mai 2001,* hrsg. von Herbert Kurz und Ottmar Seuffert im Auftrag der Stadt Donauwörth, Donauwörth 2007, S. 140–150

Spieker, Jonas, »Werner Egk«, in: *Kollaborateure – Involvierte – Profiteure. Musik in der NS-Zeit,* hrsg. von Rebecca Grotjahn, Universität Paderborn / Hochschule für Musik Detmold, 2019, https://kollaborateure-involvierte-profiteure.uni-paderborn.de/index.php/Werner_Egk.html [abgerufen am 21.3.2024]

Stadt Donauwörth (Hrsg.), *Werner Egk, eine universelle Begabung: Komponist, Schriftsteller, Interpret, und Zeichner,* Donauwörth 2004 (Beiträge zum 1. Werner-Egk-Symposium Donauwörth 12.–14. November 1999)

Szalsza, Piotr, und Kornberger, Monika, »Huberman, Bronisław«, in: *Oesterreichisches Musiklexikon online,* hrsg. von Barbara Boisits, https://dx.doi.org/10.1553/0x0001d23e [abgerufen am 21.3.2024]

Wulf, Joseph, *Musik im dritten Reich. Eine Dokumentation,* Berlin 1989 (Kultur im Dritten Reich, Bd. 5)

Zeck, Mario, *Das Schwarze Korps. Geschichte und Gestalt des Organs der Reichsführung SS,* Tübingen 2002

Ziegler, Hans Severus, *Adolf Hitler aus dem Erleben dargestellt,* Göttingen 1964

Zittel, Bernhard, »Alois Hundhammer (1900–1974)«, in: *Zeitgeschichte in Lebensbildern. Aus dem deutschen Katholizismus des 19. Und 20. Jahrhunderts,* Band 5, hrsg. von Jürgen Aretz, Rudolf Morsey und Anton Rauscher, Mainz 1982, S. 253–265

Register

Erfasst sind Personen, musikalische Werke, Institutionen und Sachbegriffe, die im Fließtext oder in den Anmerkungen im Fußnotentext vorkommen. Die kursiv gesetzten Seitenzahlen beziehen sich auf Anmerkungen im Fußnotentext. Nicht erfasst sind Personen, musikalische Werke, Institutionen und Sachbegriffe aus bibliographischen Angaben. Elisabeth Egk ist nicht aufgeführt, wenn sie als Briefadressatin genannt ist, sondern ausschließlich, wenn es speziell um sie als Person geht. In den Briefen nicht genannte Vornamen wurden – sofern sie ermittelt werden konnten, andernfalls mit »(N.)« bezeichnet – den Nachnamen hinzugefügt.

Personen und musikalische Werke

Sachregister

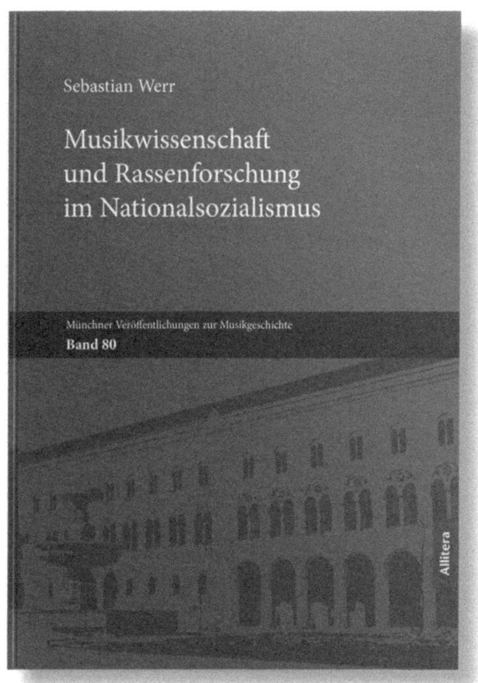

Sebastian Werr

Musikwissenschaft und Rassenforschung im Nationalsozialismus

Durch ihre Verstrickungen mit dem NS-Regime wurden die Geisteswissenschaften moralisch diskreditiert und in ihrer wissenschaftlichen Integrität beschädigt. Völkische Irrationalismen erzwangen die Aufgabe akademischer Standards, da Fakten durch gefühlte Wahrheiten ersetzt wurden. Auch die Musikwissenschaft passte sich an das nationalsozialistische Verständnis als »angewandte Rassenkunde« an, wobei die Suche nach musikalischen Äquivalenten für die vermeintlich konstanten Eigenheiten der »nordischen Rasse« in den Mittelpunkt rückte. Die Bereitschaft zur Anpassung an das Regime war groß, aber die Tiefe der Durchdringung variierte: Einige Autoren nutzten opportunistische Schlagworte, andere übernahmen modische Rassenlehren intuitiv, wieder andere stellten eingehende Überlegungen zur Professionalisierung an. Der Band ist erschienen in der Reihe »*Münchner Veröffentlichungen zur Musikgeschichte*«.

224 S., Hardcover, ISBN 978-3-96233-245-7